TCP/IP Workbook

박창욱 저

HS 도서출판 한산

머 리 말

인터넷 기술은 나날이 발전되고 있으며 인터넷망에서 사용되고 있는 TCP/IP를 공부하기 위해서는 기본적인 이론과 기술을 익히는 것이 필수적이다. 본 교재는 다음과 같이 크게 2부로 구성된다.

1부에서는 Wireshark 네트워크 프로토콜 분석기를 이용하여 네트워크 상에서 이동하고 있는 PDU(Protocol Data Unit)을 분석한다. 이를 통해 TCP/IP(Transmission Control Protocol / Internet Protocol)등 여러 가지 프로토콜을 눈으로 확인할 수 있도록 했다.

2부에서는 ARP, ping, three way handshake, DNS 등을 직접 실습을 해봄으로서 TCP/IP 프로토콜을 잘 이해 할 수 있도록 구성하였다.

본 교재는 컴퓨터 네트워크 지식을 좀 더 쉽게 익히기 위해 실습 중심으로 네트워크의 기본적 내용과 TCP/IP 등 실무지식 습득을 목표로 한다.

인터넷 검색으로 많은 유용한 지식을 실시간적으로 확보 할 수 있기 때문에 기존의 학습방법인 암기식은 지양하고 현대 정보화 사회에서 필요한 정보를 찾는 능력과 이것들을 정리하고 발표하는 능력도 함께 배양하고자 한다.

학생들이 발표할 주제로는 한주에 1개의 주제를 주고 담당교수의 사전 지도를 받은 학생들이 Powerpoint 발표 자료를 약 10장 ,보조자료 5장을 준비하여 10분 발표 5분 질의응답 시간을 갖도록 하여 능동적으로 수업에 참여할 수 있도록 하여 교육적 성과를 높이고자 했다.

2018년 11월
저자 씀

차 례

1 PART TCP/IP

2

PART

실 습

1 LAB OSI 7 계층과 TCP/IP

1-1 실습목적

1. OSI(Open System Interconnection) 7 계층 정의와 기능 확인하기.
2. OSI(Open System Interconnection) 7 계층과 TCP/IP(Transmission Control Protocol/Internet Protocol) 비교하기.

1-2 사용 장비 및 소모품

1. PC 1대

1-3 실습개념

1-3-1. Internetwork

컴퓨터 네트워크는 스위치나 허브와 같은 네트워크 장비들을 이용하여 연결된 컴퓨터들의 집합이다. Internetwork란 라우터와 같은 네트워크 중계 장치로 연결된 개별적 네트워크들의 집합을 말한다. 최초의 컴퓨터 네트워크는 IBM사의 SNA(System Network Architecture)와 같이 메인프레임과 터미널간의 망을 구축한 것으로 고가의 메인프레임을 다수의 사용자가 실시간 적으로 이용할 수 있도록 하는 것이 목적이었다.

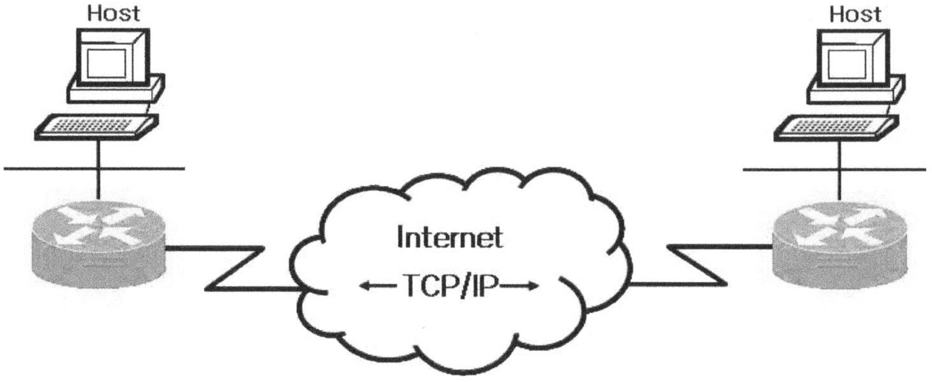

그림 1-1. Internetwork

PC(Personal Computer)의 등장은 데이터의 처리, 저장 등 다양한 일들을 손쉽게 처리할 수 있는 정보 처리기로서 해마다 발전하고 있고 각 컴퓨터들 간에 저장된 정보 교환의 필요성에 따라 지역적으로 연결되기 시작되었다. LAN(Local Area Network)이란 가까운 지역 내에서 다양한 데이터 통신 장비의 상호 연결을 제공하는 통신 네트워크로 정의 할 수 있다.

LAN은 PC의 발전과 더불어 함께 진화(evolution)해오고 있으며 1990대 초부터 인터넷, 웹 등으로 폭발적인 성장을 거듭하고 있다. 지역적으로 떨어져있는 LAN간의 정보 교환을 위해 WAN(Wide Area Network)이 등장하였고 LAN의 확장과 더불어 진화하고 있다. 현재 Internetwork은 TCP/IP로 연결된 네트워크들의 집합이다.

1-3-2. 네트워크 아키텍처와 OSI(Open Systems Interconnections) 참조 모델

컴퓨터들 간의 정보교환을 위해 여러 회사들에 의해 독자적인 통신망이 만들어졌고 다양한 통신망들이 혼재하게 되었다. 복잡하게 진화하고 있는 각 통신망들에 각각 별개의 정보 교환 절차를 가지는 것은 정보교환의 어려움을 가져왔다. 어느 회사에서 만든 제품이던지, 통신망이던지 상호 접속하여 정보를 교환하기 위해서는 표준화가 필요하였다.

1984년에 국제표준화기구(ISO : International Organization for Standardization)는 하나의 컴퓨터 정보가 전송매체를 통해 다른 컴퓨터로 이동할 수 있는 절차를 정의한 OSI(Open Systems Interconnections) 참조 모델이 만들어 졌으나 널리 채택되어 구현되지 못했다. 이후 네트워크 프로토콜, 중계 장비의 역할 등 네트워크를 설명할 때 기준이 되는 개념적 청사진(Blue Print)으로서 널리 사용되어지는 계층적 모델(Layered Model)로 인식되어 진다.

효율적인 통신이 이루어지기 위해 수행되어져야 하는 과정들을 그룹화 시켜 놓은 것을 계층(Layer)이라고 칭한다. 계층적으로 네트워크 기능들을 정의하게 되면 복잡한 과정을 보다 단순한 여러 개의 계층으로 구분하여 관리 할 수 있고 만약 변경사항이 있다면 전체적인 과정을 수정하지 않고 해당 계층만 수정할 수 있기 때문에 변경 및 관리가 용이한 장점이 있다.

7 layer	응용계층(Application layer)
6 layer	표현계층(Presentation layer)
5 layer	세션계층(Session layer)
4 layer	전달계층(Transport layer)
3 layer	네트워크계층(Network layer)
2 layer	데이터링크계층(Data Link layer)
1 layer	물리계층(Physical layer)

표 1-1. OSI 7 계층

(1) 응용계층(Application Layer)

7계층인 응용계층은 Application 과 end-user Process들은 지원한다. 통신 파트너를 구분하고 서비스 품질을 구분하며 사용자 인증 등을 고려한다. 이 계층의 모든 것들은 Application에 특화되어 있다. 이 계층은 파일전송, e-mail, Telnet 그리고 FTP등과 같은 application 서비스들을 제공한다.

이러한 응용계층의 역할은 다음과 같은 것들이 있다.

- WWW(World Wide Web) : Chrome, Internet Explorer등 과 같은 네비게이터를 이용하여 그림, 문서, 소리, 동영상 등의 자료를 얻을 수 있다.
- E-mail : SMTP(Simple Mail Transfer Protocol) 등이 사용됨.
- 게시판
- 검색엔진

(2) 표현계층(Presentation Layer)

6계층인 표현계층은 이름 그대로 응용계층에서 알 수 있는 형태로 데이터를 변환해 주는 역할을 담당한다. 표현계층은 응용계층에서 받아들일 수 있는 형태로 데이터를 변형하기 위한 일을 수행한다. 표현계층에서는 EBCDIC을 ASCII 형태로 변환해주는 번역, 데이터의 압축 그리고 암호화를 정의하고 있다. 또한 그래픽을 JPEG등과 같은 형태로 변환하여 송수신하거나, 동영상을 MPEG등과 같은 형태로 변환하여 송수신 될 수 있도록 하는 역할도 한다.

- PICT : Mac.에서 사용되어지는 그림 형태
- TIFF : 비트맵의 표준 그림 형태
- JPEG(Joint Photographic Experts Group)
- MIDI(Musical Instrument Digital Interface)
- MPEG
- QuickTime

(3) 세션계층(Session Layer)

5계층인 세션계층은 Application 간의 연결을 설정하고, 연결이 안정되게 유지되도록 관리하며, 작업완료 후 연결을 끊는 역할을 책임진다. 또한 세션계층은 end station간의 대화의 방법도 제공한다. 즉 simplex, half-duplex 그리고 full-duplex. 세션계층은 기본적으로 하나의 응용 프로그램의 데이터와 다른 응용 프로그램의 데이터를 구별할 수 있도록 한다.

- NFS(Network File System)
- SQL(Structured Query Language)

- RPC(Remote Procedure Call)

이상의 응용계층, 표현계층 그리고 세션계층을 상위계층이라고 하거나 응용계층들이라고도 한다. 다음은 정보를 실제로 전송하는데 관여하는 계층 즉 전달계층, 네트워크계층, 데이터링크계층, 물리계층 들은 하위계층 혹은 데이터 흐름계층이라 칭한다.

	계층(layers)	PDU (Protocol Data Unit)
5,6,7계층(layer)	상위계층(Upper layers)	데이터(Data)
4계층(layer)	전달계층 (Transport layer)	세그먼트(Segment), 데이터그램(Datagram)
3계층(layer)	네트워크계층 (Network layer)	패킷(Packet)
2계층(layer)	데이터링크계층 (Data Link layer)	프레임(Frame)
1계층(layer)	물리계층(Physical layer)	비트(Bit)

표 1-2. 각 계층의 PDU

각 계층이 정보를 교환하기 위해 PDU(Protocol Data Unit)를 사용한다. PDU는 각 계층마다 그 이름을 달리해서 사용한다.

(4) 전달계층(Transport Layer)

4계층인 전달계층은 종단간 데이터를 투명한 전송을 제공한다. 전달계층의 서비스로는 상위계층의 데이터를 전송하기 위해 세그먼트 하는 것과 하위계층의 데이터를 reassemble하여 상위계층에 전달하는 것이 있다. 전달계층은 실제 데이터전송에 관여하는 계층으로서 인터네트워크 상에서 송신측과 수신측의 논리적 연결과 end-to-end 데이터 전송을 책임진다. 한 시스템 내에서 전달계층과 상위계층 간의 정보교환은 SAP(Service Access Point)를 통해 이루어진다.

전달계층은 TCP/IP 프로토콜의 경우 연결형서비스인 TCP와 비연결형 서비스인 UDP등으로 구성되며 응용프로그램 개발자에 의해 선택되어 사용된다. 또한 상위계층의 데이터를 멀티플렉싱하는 메커니즘을 제공하고 세션설정 그리고 가상회선의 종료 등을 책임진다.

전달계층에서 정보를 교환하기 위한 PDU(Protocol Data Unit)은 세그먼트를 사용하며 이것은 헤더정보와 상위 데이터로 구성된다. 흐름제어를 위해 수신측에 수신된 세그먼트에 대해 송신측으로 Acknowledgment를 보내기도 하고 수신측 버퍼가 많이 차 있을 경우, 송신측에 대기하라는 신호를 보내 세그먼트가 손실되는 것을 막도록 한다.

(5) 네트워크계층(Network Layer)

3계층인 네트워크계층은 라우팅 기술을 제공한다. 인터네트워크를 통해 트래픽을 목적지까지 보내기 위한 가상경로설정하고 종단간 데이터 전송이 이루어지도록 한다. 네트워크계층의 PDU는 패킷이라고 부르며 전달계층의 세그먼트에다가 네트워크계층의 헤더정보를 더한 것이다.

네트워크계층에서는 전달계층에서 수행하는 흐름제어도 수행하며 전송 중에 패킷이 분실되었을 경우 이를 감지하고 재전송을 요구할 수 있는 에러제어 기능도 제공된다. 전달계층의 세그먼트의 크기가 MTU (Maximum Transfer Unit)보다 클 경우 나누어 보내기도 한다.

3 계층이라고도 하는 네트워크계층의 기능을 구현한 통신장비가 라우터이다. 라우터는 경로 설정을 위해 라우팅 테이블을 구성하고 정적 혹은 동적으로 테이블을 갱신한다. 라우팅 테이블을 구성하는 것은 다음과 같다.

- Network 주소 : IP 나 IPX등과 같은 프로토콜에서 사용하는 네트워크 주소를 사용

- Interface : 패킷이 특정 네트워크로 가기 위해 나가야 하는 Interface

- Metric : 다른 네트워크까지의 거리를 표현 각 라우팅 프로토콜들은 서로 상이한 방법으로 거리를 계산한다.

(6) 데이터링크계층(Data Link Layer)

2계층인 데이터링크계층은 데이터 패킷들이 비트들로 인코드, 디코드된다. 또한 매체 상에서 데이터가 어떻게 전송될 것인가를 정의하여 인접한 두 시스템 상에서 패킷을 정확하게 전송하는 것을 책임진다. 네트워크 계층의 패킷을 전달하기 위해 패킷에 헤더와 트레일러를 덧붙여 프레임을 만든다. 데이터링크계층에서는 프레임의 생성과, 그들에 대한 흐름제어, 에러제어 등 다양한 일을 한다. 또한 프레임을 전달하기 위한 물리주소지정 등도 이루어진다.

IEEE 이더넷 데이터링크계층은 다음과 같은 두개의 부 계층으로 나누어 정의한다.

- MAC(Media Access Control) 802.3

MAC계층은 전송매체 상에 프레임을 어떻게 전송할 것인지를 정의한

다. 각 시스템의 물리주소, 네트워크 토폴로지 정의, 에러 고지, 프레임의 순서적 전송 그리고 선택적 흐름제어를 다룬다.

- LLC(Logical Link Control) 802.2

LLC계층은 네트워크계층의 프로토콜을 인식하고 그것들을 encapsulating한다. 프레임이 도착하게 되면 프레임의 헤더는 프레임이 포함하고 있는 패킷을 어떻게 처리하는가를 알려주게 된다. LLC계층은 또한 흐름제어와 제어 비트의 순서를 제공한다.

(7) 물리계층(Physical Layer)

1계층인 물리계층은 비트열은 전송한다. 데이터링크계층의 프레임을 전송 매체 상에서 전송하기 위해 비트열로 변환한 다음, 양측 간에 전기적인 신호는 어떻게 보내야 하는지, 그 절차는 어떻게 되는지, 전송속도는 얼마나 되어야 하는지 등에 대한 것들을 규정한다. 또한 종단 장치 간에 물리적 전송매체를 활성화시키고, 유지하며 비활성화 시키기 위한 기능적 요구사항 등을 규정한다.

물리계층의 기능을 수행하는 장비로는 허브가 있다. 허브는 이더넷 상에서 보다 많은 시스템들이 상호 통신을 할 수 있도록 확장하는데 사용되어지는 것으로 다중 포트 리피터로 생각할 수 있다. 허브는 허브를 통과하는 트래픽을 보거나 조작하지 않는다. 그것은 단지 물리적 전송매체를 확장하는데 만 사용된다. 허브에 연결되어 있는 모든 장비는 동일한 충돌 도메인, 동일한 브로드캐스트 도메인에 있게 된다. 또한 동일한 대역폭을 공유하는 것이다.

1-3-3. OSI 7 계층 모델과 TCP/IP 비교

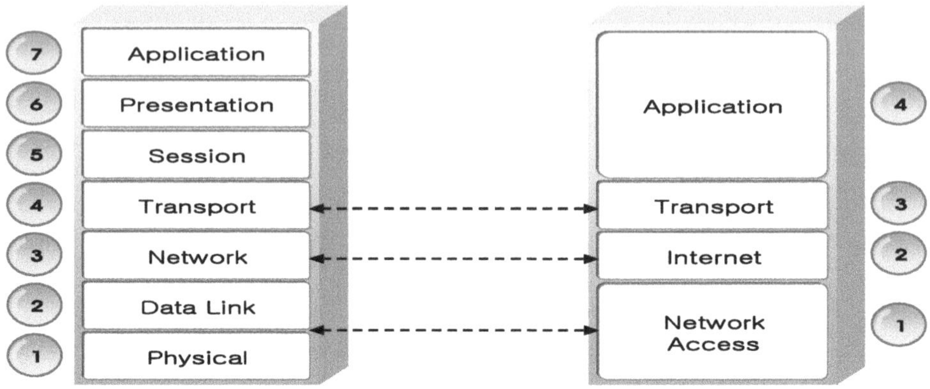

그림 1-2. OSI 7 계층 모델과 TCP/IP 비교

OSI(Open Systems Interconnection) 모델은 ISO(International Organization for Standardization)에 의해서 만들어졌다. OSI 모델은 통신시스템간의 기능들을 설명하기 위한 참조모델로서 만들어 졌다. OSI 모델은 7계의 계층을 가지고 있으며 각 계층은 데이터가 네트워크를 통해 전송되기 위해 각 계층마다 서로 다른 기능들을 정의하고 있다.

TCP/IP 모델은 DARPA(Defense Advance Research Project Agency)에 의해 1970년대 만들어 졌다. OSI 7 계층과 마찬가지로 컴퓨터들 간 통신을 할 때 필요한 규칙을 정의한 프로토콜들로 구성되어 있다. TCP/IP는 1969년에 시작한 미국국방성의 지원으로 시작된 것으로 핵전쟁이 발생하더라도 남아있는 네트워크들은 상호 연결될 수 있는 네트워크 구축이 그 목적이었다. 이후 ARPANET(Advanced Research Projects Agency Network)에서 성공적으로 성장 발전해 왔으며 1990년대 Internet의 폭발적인 성장과 더불어 대부분의 Internet 연결 시 사용되는 프로토콜로 발전하였다.

OSI 7 계층은 교과서적인 프로토콜로 다른 프로토콜을 설명할 때 흔히 사용되어 진다. TCP/IP의 Application계층은 OSI 7 계층의 Application, Presentation, Session계층들의 기능들이 정의되어 있다

TCP/IP의 Transport계층은 TCP와 UDP 프로토콜이 있는데 OSI 7 계층의 Transport계층과 유사한 기능들이 정의되어있다. 또한 TCP/IP의 Internet계층은 OSI 7 계층의 네트워크계층과 대응해서 설명되어질 수 있고 TCP/IP의 Network Access계층은 OSI 7 계층의 Datalink와 Physical계층의 기능을 정의하고 있다.

1-4 실습

Step 1. 다음 OSI 7 계층의 PDU, 기능, 예를 작성하라

OSI 계층	PDU	기능	예
Application			
Presentation			
Session			
Transport			
Network			
Data Link			
Physical			

Step 2. 다음 OSI 7 계층의 PDU, 기능, 예를 작성하라

TCP/IP계층	PDU	기능	예
Application			
Transport			
Internet			
Network Access			

1주차 발표

발표 1. 인기 Youtuber가 되면	
발표일 :	발표자 :
발표내용요약 :	

발표 1. 인기 Youtuber

발표자료(오타유무, 그림, 내용명료성)	20점	15점	10점	5점
발표자세(시선, 목소리, 준비성)	20점	15점	10점	5점
발표시간 지키기	10점	5점	0점	
질의 답변 내용, 자세	10점	5점	0점	
발표내용전달	40점	30점	20점	10점
총점	점			

발표자가 잘한 점

LAB. 1 실습결과보고서

실습일 :
실습조장 :
실습조원 :
학번 :
이름 :

실습결과 :

MEMO

2
LAB

Wireshark 패킷 분석기 설치 및 Frame 구조 분석하기

2-1 실습목적

1. Wireshark 패킷 분석기 다운받아 설치하기.
2. Wireshark 패킷 분석기 이용하여 TCP/IP 프로토콜 분석하기.

2-2 사용 장비 및 소모품

1. PC 1대
2. Wireshark 패킷 분석기

2-3 실습개념

Wireshark 패킷 분석기는 컴퓨터의 NIC(Network Interface Card)에서 실시간적으로 캡처한 패킷이나 저장해놓은 패킷들을 분석하는 프로그램이다. 또한 네트워크에 문제가 발생했을 때 트러블슈팅, 네트워크 보안 문제, 네트워크 품질 검증, 네트워크 프로토콜 디버깅 그리고 네트워크 프로토콜을 공부하는데 사용된다.

Wireshark 패킷 분석기는 UNIX환경 및 Windows환경에서 모두 사용가능하다. 또한 다양한 네트워크 미디어 형태에서 트래픽을 캡처할 수 있어 그 쓰임새가 폭 넓다.

1998년 세상에 나온 Wireshark 패킷 분석기는 현재까지 수정 보완되어온 것으로 https://www.wireshark.org/download.html 에서 무료로 다운받아 사용할 수 있다

Wireshark 패킷 분석기는 open source software 프로젝트이다. 소스를 공개하여 많은 사람들이 개발에 참여했기 때문에 유료 툴에 비견할 만큼 유닉스, 리눅스, 윈도우체제등 다양한 플랫폼에서 동작한다. 기존의 프로토콜뿐만 아니라 새로운 프로토콜도 신속히 지원되는 프로토콜 분석기이다.

2-4 실습

2-4-1. Wireshark 패킷 분석기 설치하기

Step 1. https://www.wireshark.org/download.html 에 접속한다. 사용하는 운영체제에 맞는 Windows Installer를 선택하여 다운로드한다.

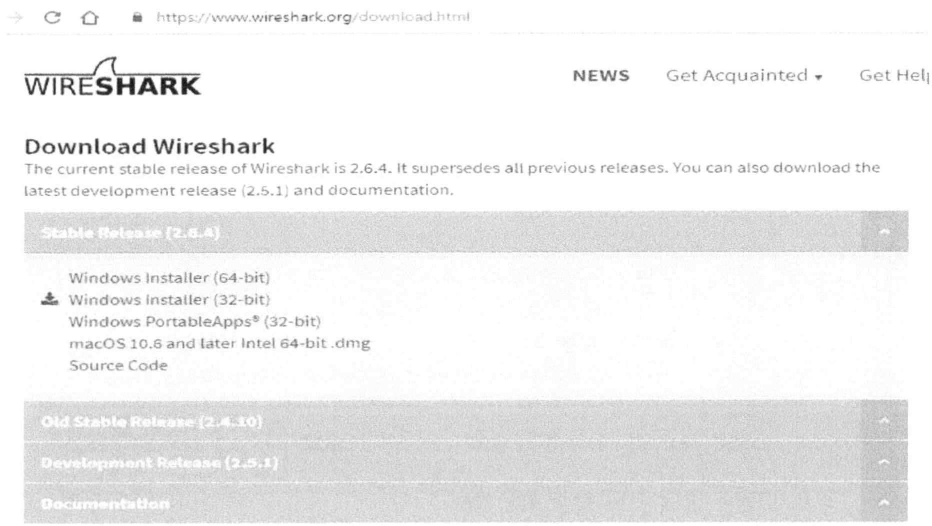

Step 2. Windows Installer를 선택하여 클릭을 하게 되면 화면 하단 왼쪽에 실행파일을 다운로드 하는 작은 창을 볼 수 있다. 다운로드가 종료되면 열기를 실행하여 설치를 시작한다.

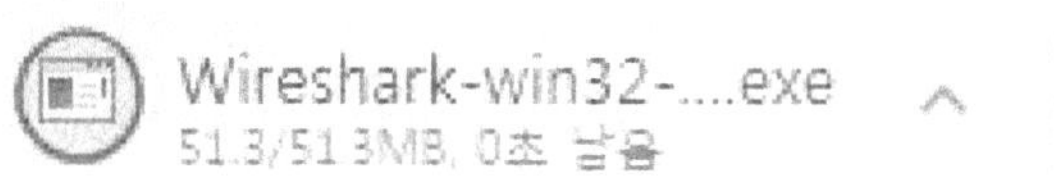

Step 3. 가운데 창에서 “실행(R)”을 클릭하자.

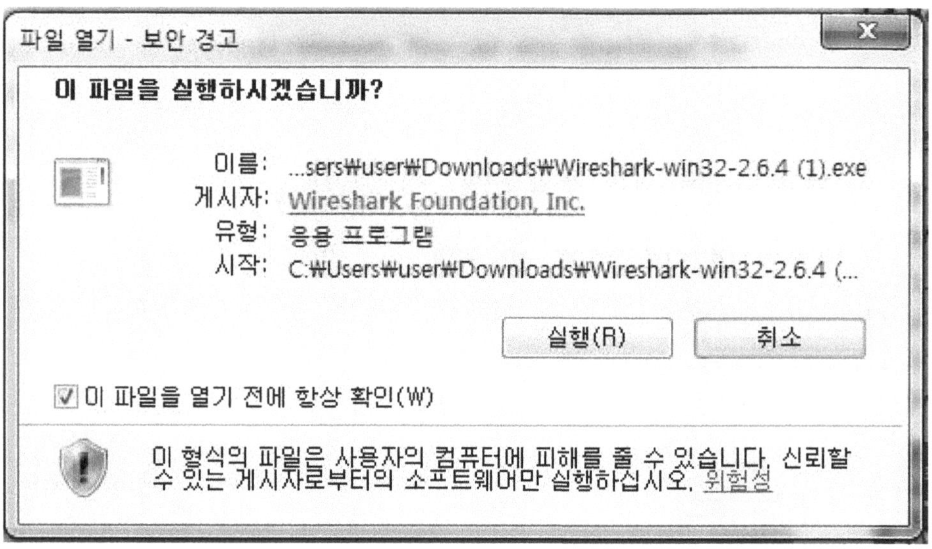

Step 4. “Next>”를 클릭한다.

Step 5. License 동의를 묻고 있다. “I Agree" 버튼을 클릭한다.

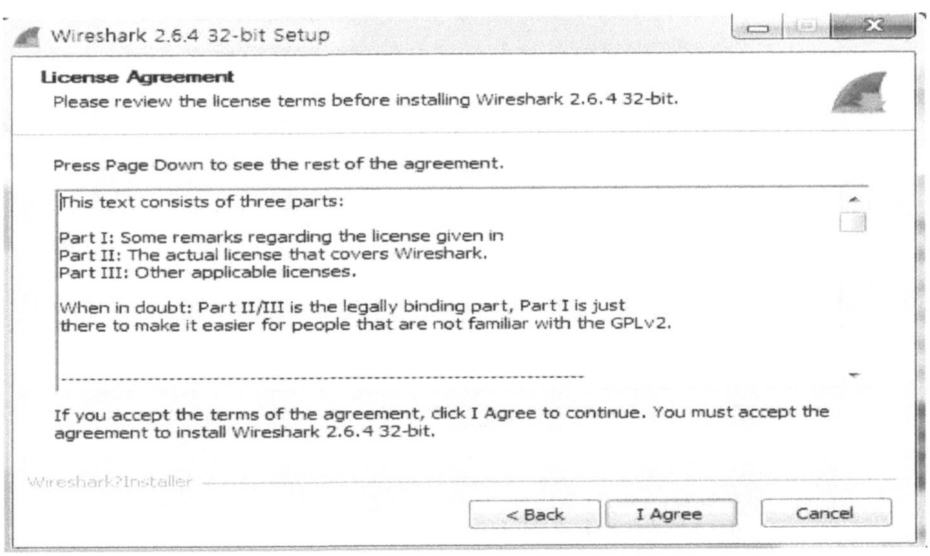

Step 6. 설치할 요소들을 묻고 있고 전부 선택되어 있으므로 “Next” 버튼을 클릭한다.

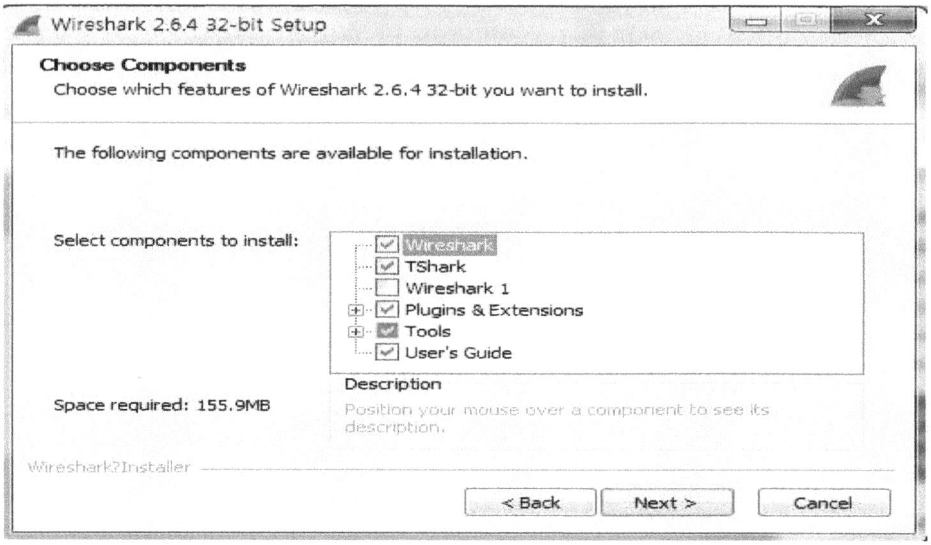

Step 7. 추가적인 설치요소를 묻고 있다. “Next>”를 클릭한다.

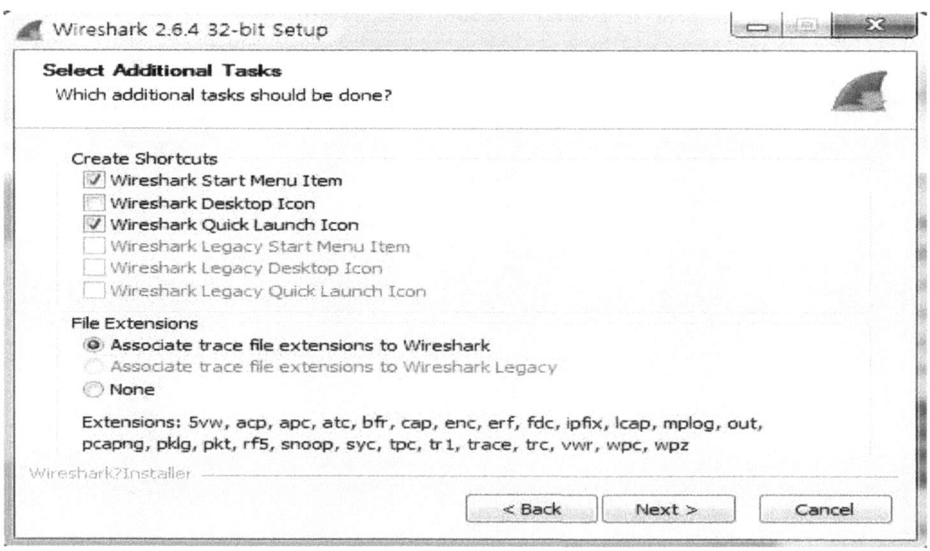

Step 8. 설치할 폴더 위치를 묻고 있다. “Next" 버튼을 클릭하라.

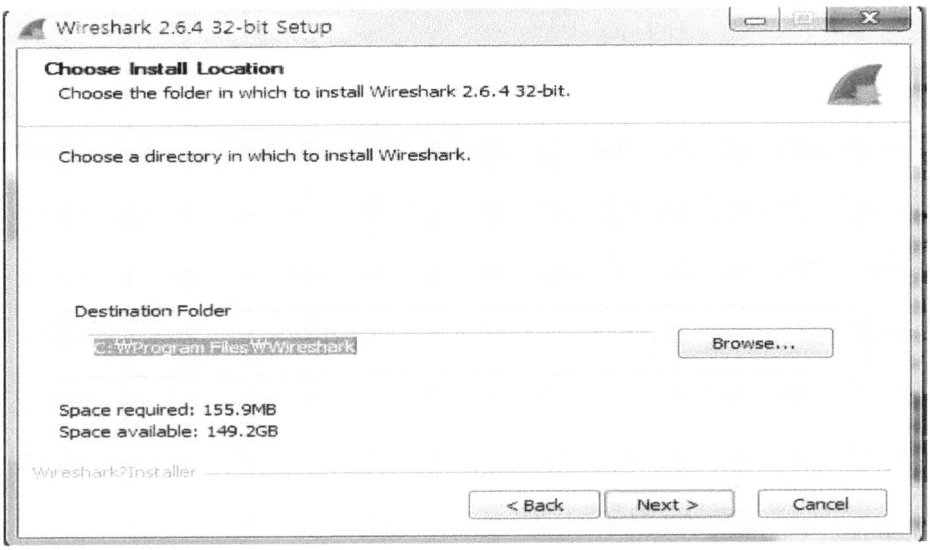

Step 9. Window Packet Capture(WinPCap)설치를 묻고 있다. 패킷 캡처를 위해 필요한 프로그램이다. “Next” 버튼을 클릭하라.

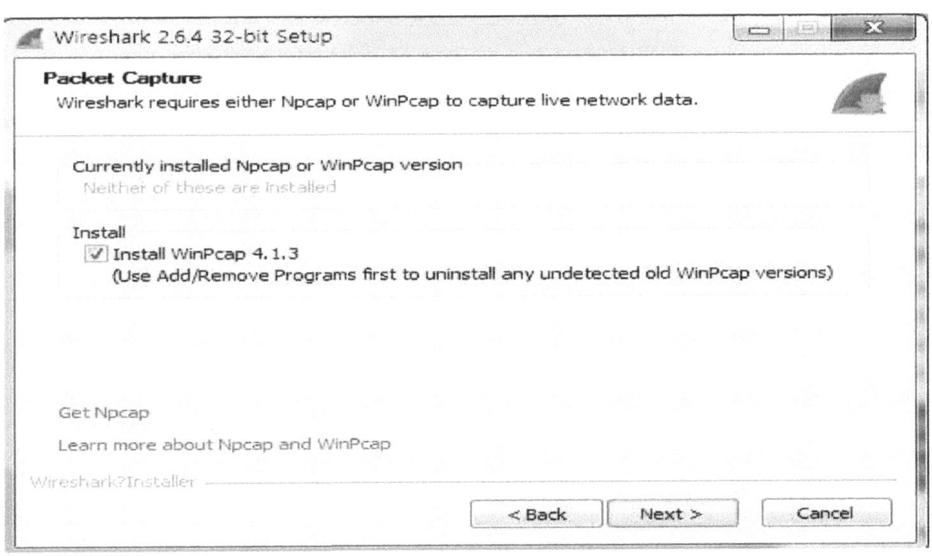

Step 10. “Install” 버튼을 클릭하라.

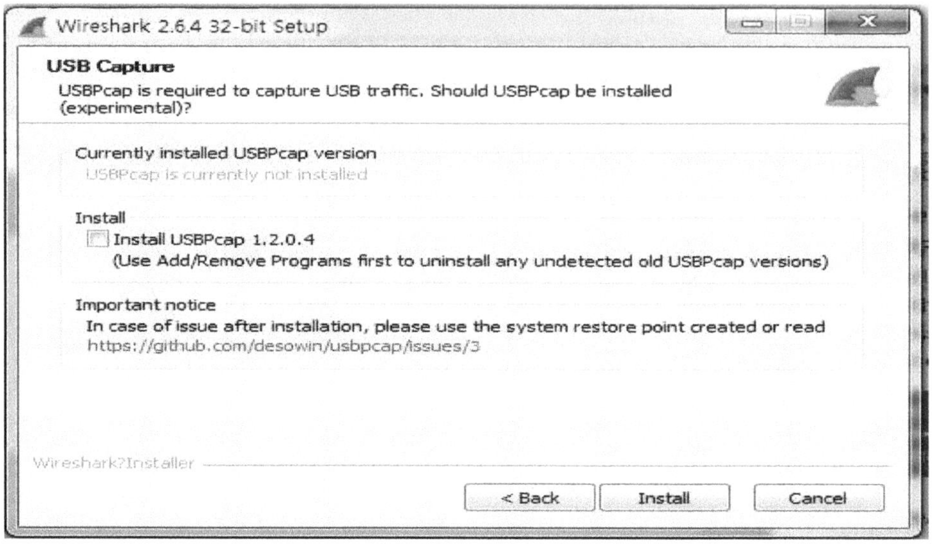

Step 11. “Next" 버튼을 클릭하라.

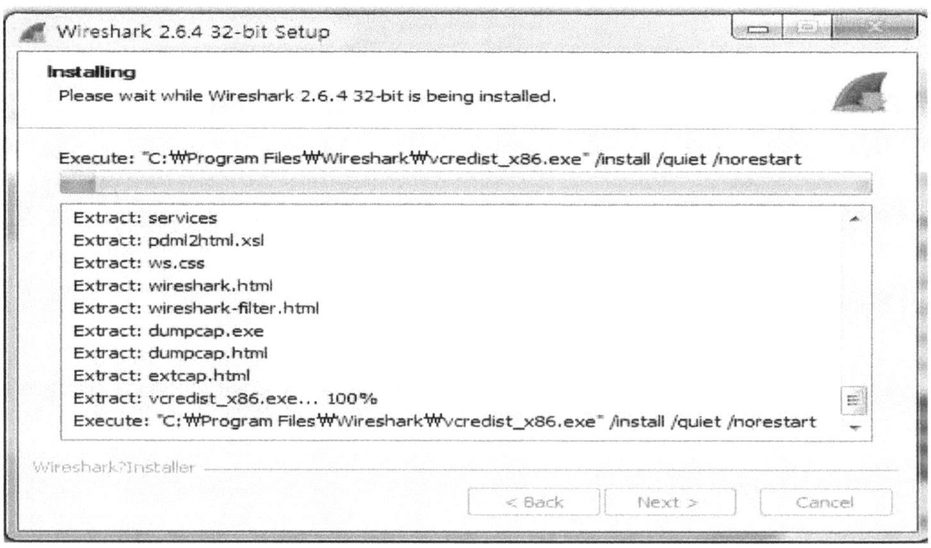

Step 12. WinPCap 프로그램 Setup Wizard를 시작하고자 한다. “Next>” 버튼을 클릭하라.

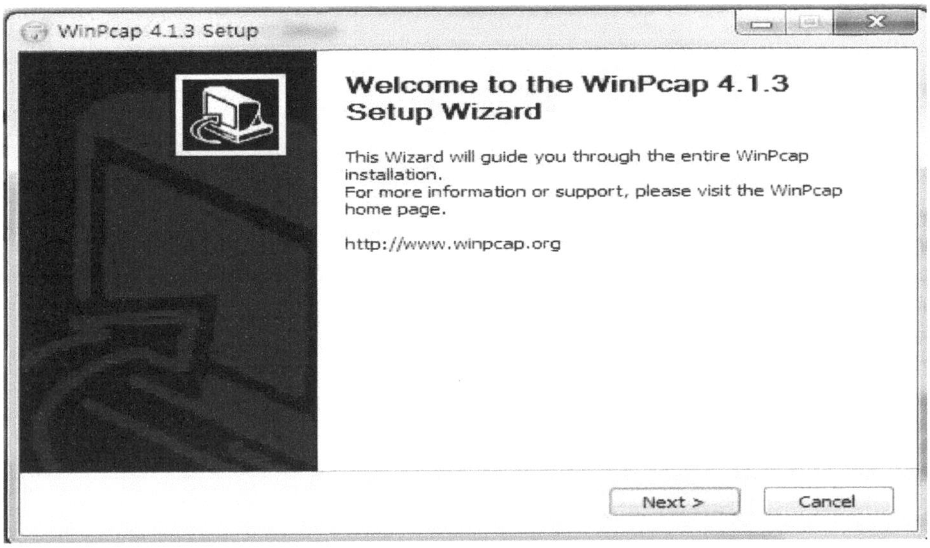

Step 13. License 동의를 묻고 있다. “I Agree" 버튼을 클릭한다.

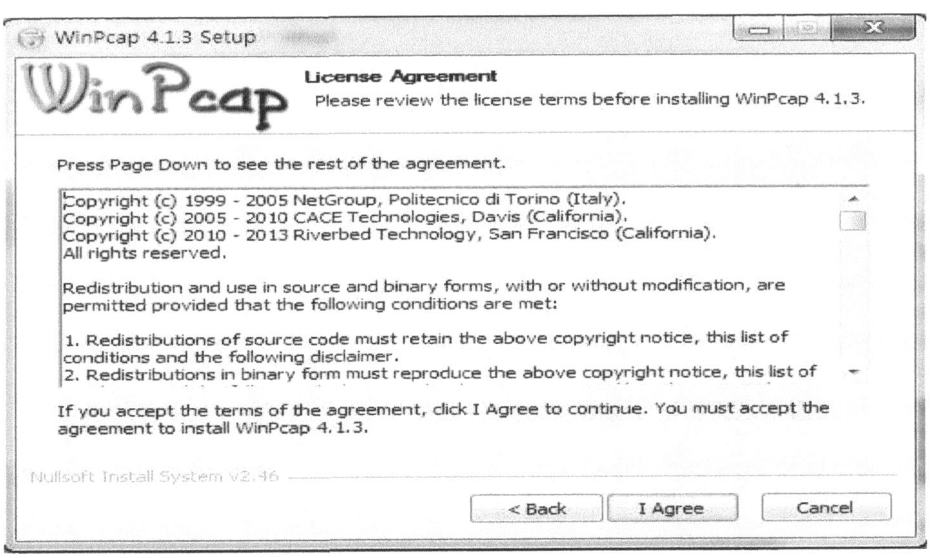

Step 14. WinPCap 프로그램 설치옵션을 확인한다.
"Install" 버튼을 클릭하라.

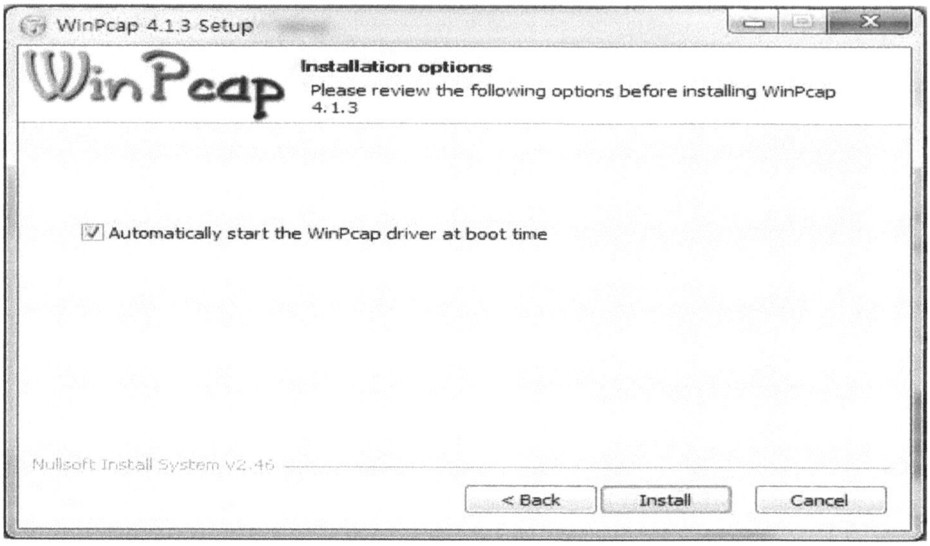

Step 15. "Finish" 버튼을 클릭하라.

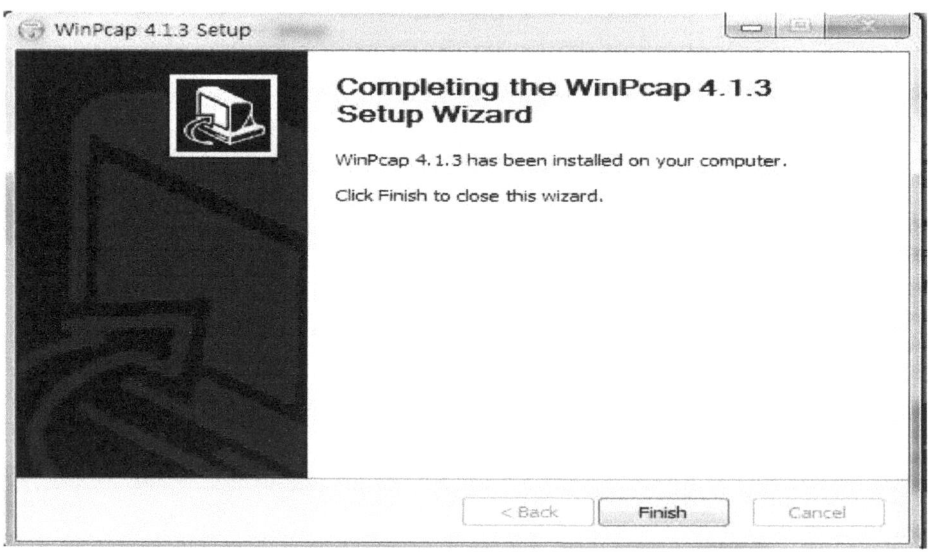

Step 16. “Finish” 버튼을 클릭하라.

Step 17. 시작버튼에서 Wireshark를 클릭하면 화면이 띄워진다. 화면 중간의 “로컬 영역 연결”을 클릭한다.

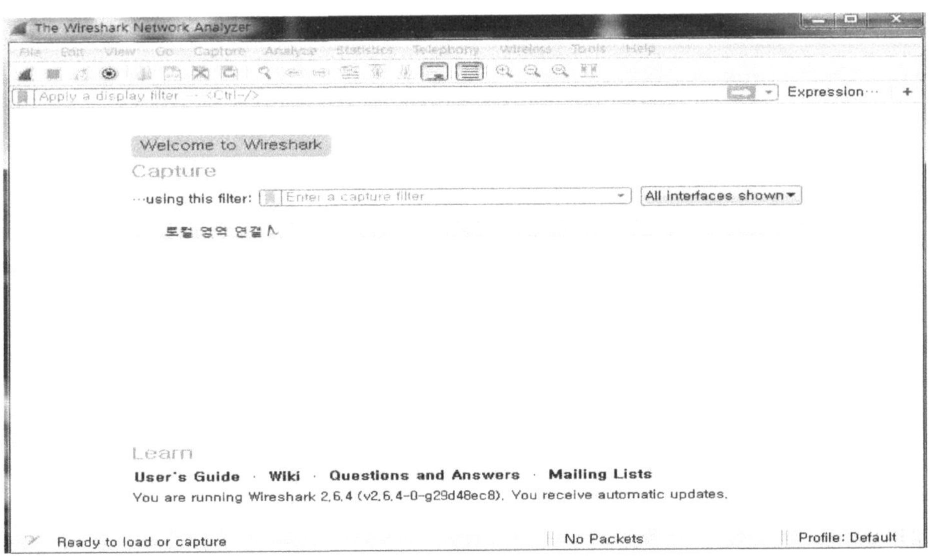

Step 18. Wireshark를 실행한 화면이다.

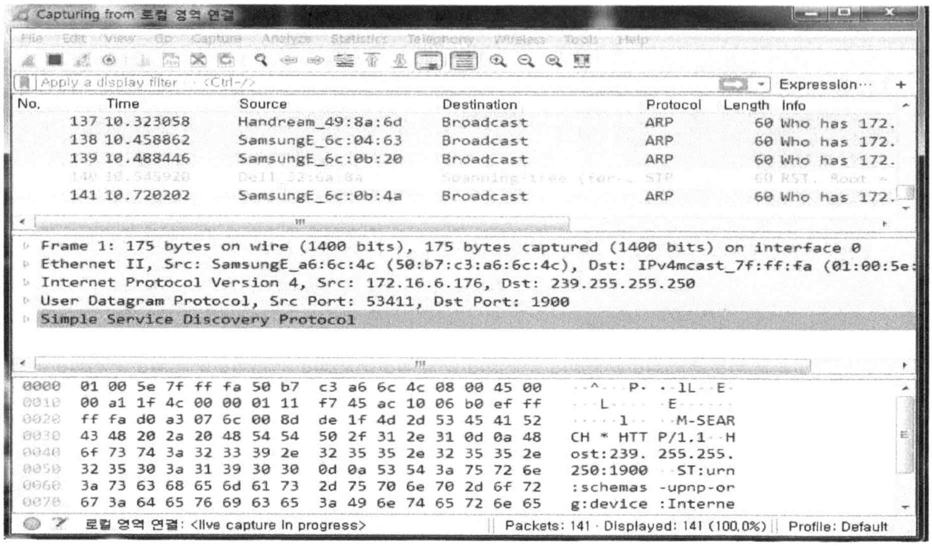

2-4-2. Wireshark 패킷 분석기 둘러보기

Step 1. File 메뉴

File 메뉴는 캡처한 패킷들을 저장하거나 저장된 파일들을 열기, 인쇄하기, 종료하기 등의 기능이 있다.

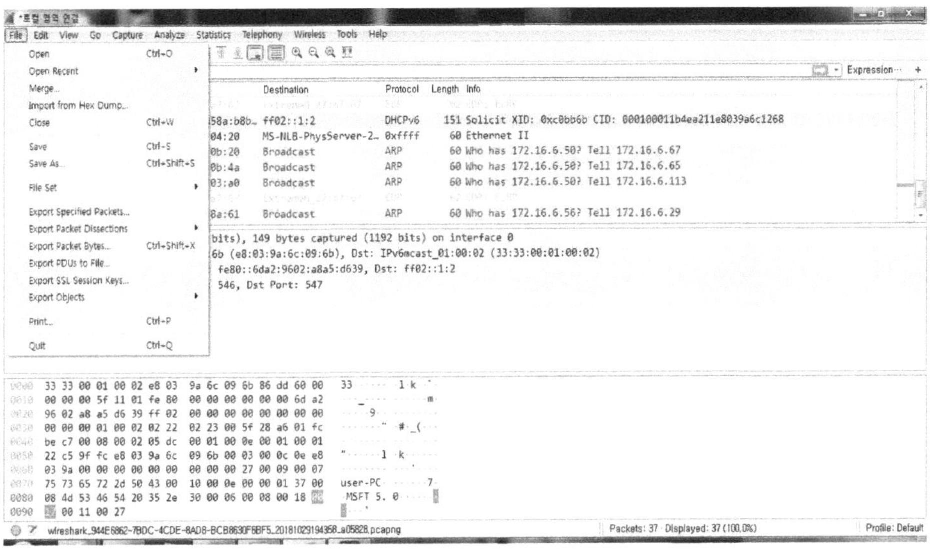

Step 2. Edit 메뉴

Edit 메뉴는 원하는 패킷을 찾기, 마킹하기 등의 기능이 있다.

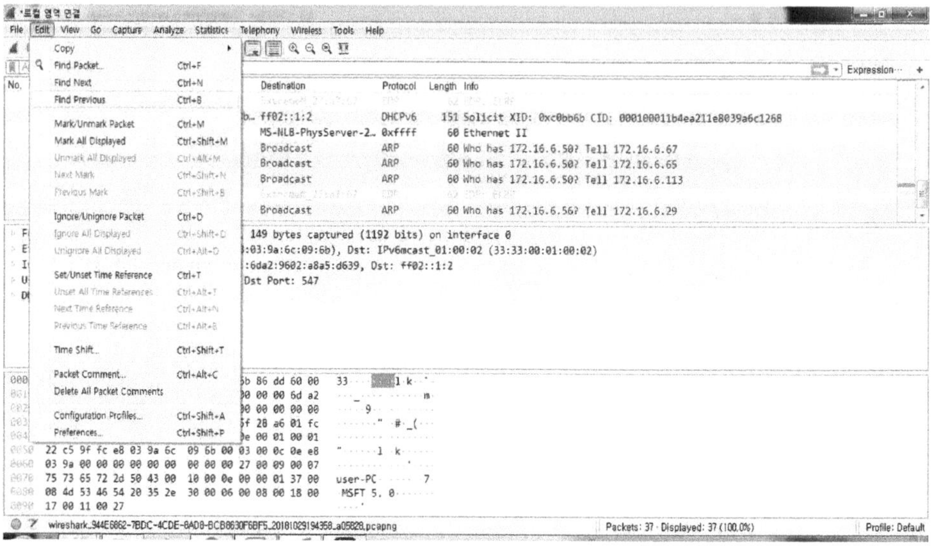

Step 3. View 메뉴

View 메뉴는 Main Toolbar, Filter Toolbar, Statusbar등 우리가 보는 화면의 Toolbar를 선택할 수 있게 하고, 패킷 List, 패킷 Details, 패킷 Bytes창 등 화면구성을 선택할 수 있는 기능이 있다.

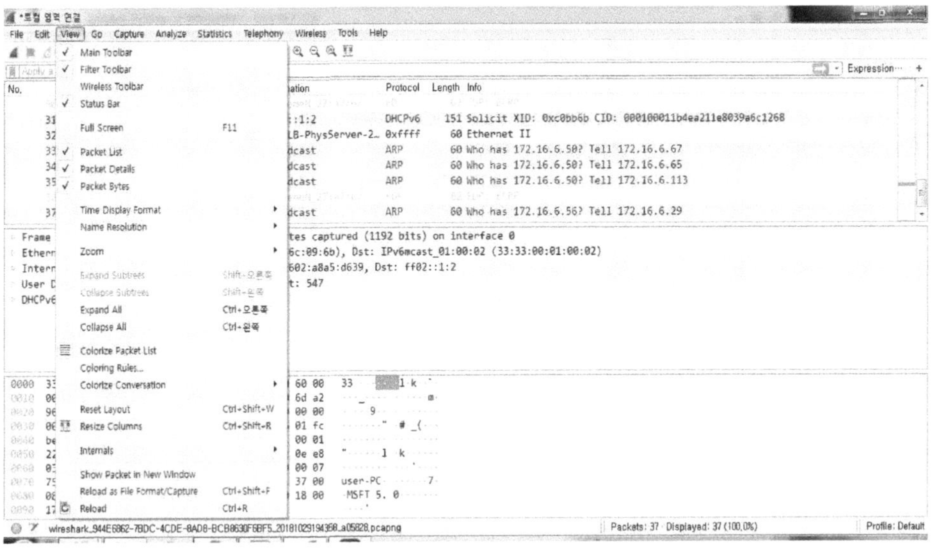

Step 4. Go 메뉴

Go 메뉴는 패킷 List 창에서 원하는 패킷으로 신속하게 이동할 수 있도록 하는 기능이 있다

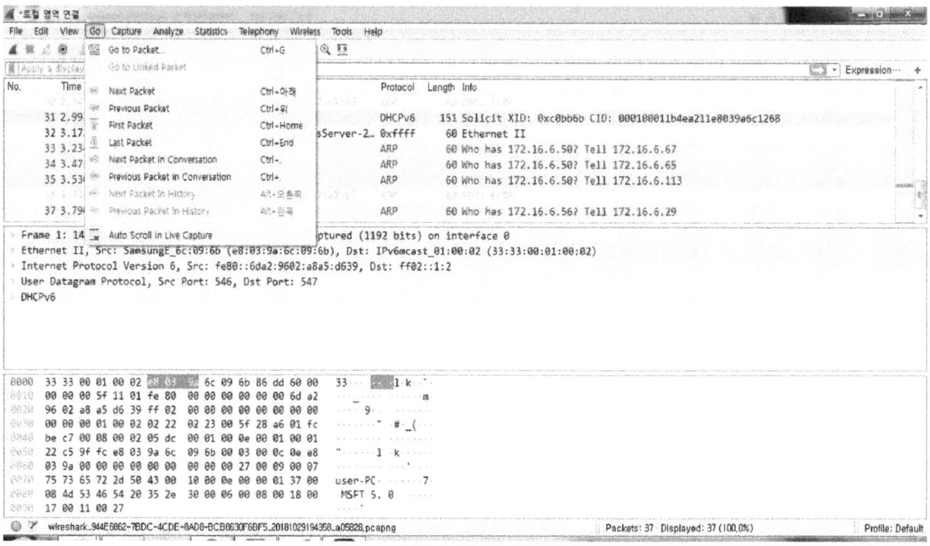

Step 5. Capture 메뉴

Capture 메뉴는 패킷을 캡처할 인터페이스를 선택하는 기능, 패킷 캡처를 시작하는 기능 등이 있다.

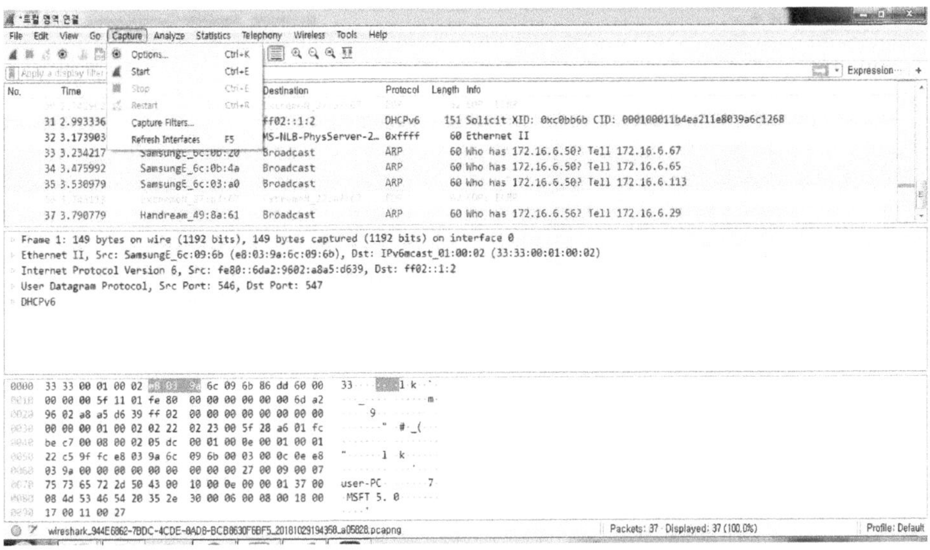

Step 6. Analyze 메뉴

Analyze 메뉴는 필터를 사용하여 캡처된 패킷들을 분석하거나 사용자 정의 디코드 등의 기능이 있다.

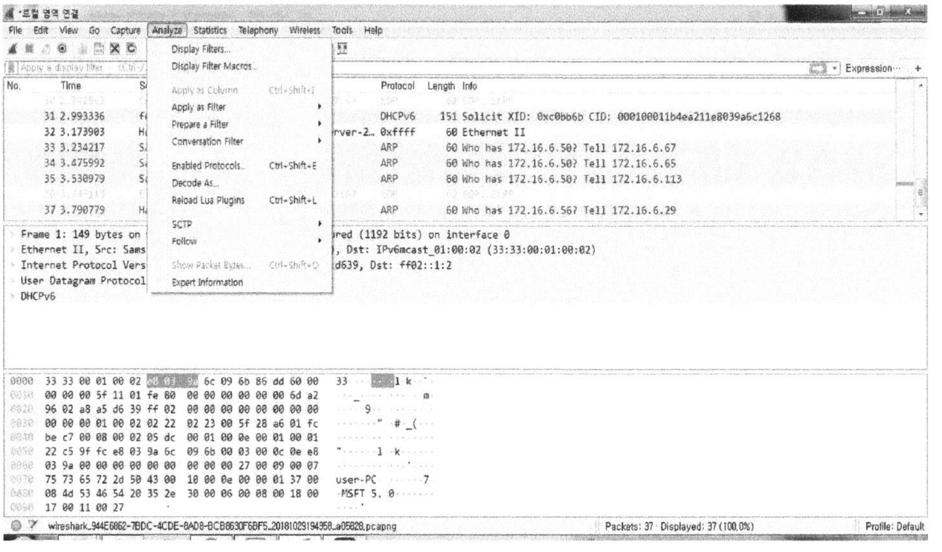

Step 7. Statistics 메뉴

Statistics 메뉴에는 캡처된 패킷들의 분포를 확인할 수 있는 기능들이 있다.

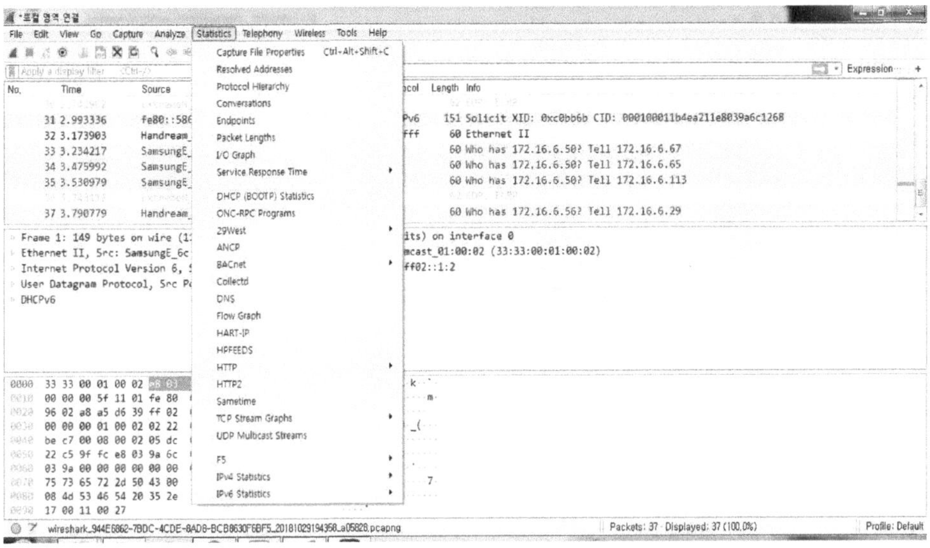

Step 8. Telephony 메뉴

Telephony 메뉴에는 다양한 telephony 관련 통계 윈도우를 보여주기 위한 아이템들을 가지고 있다.

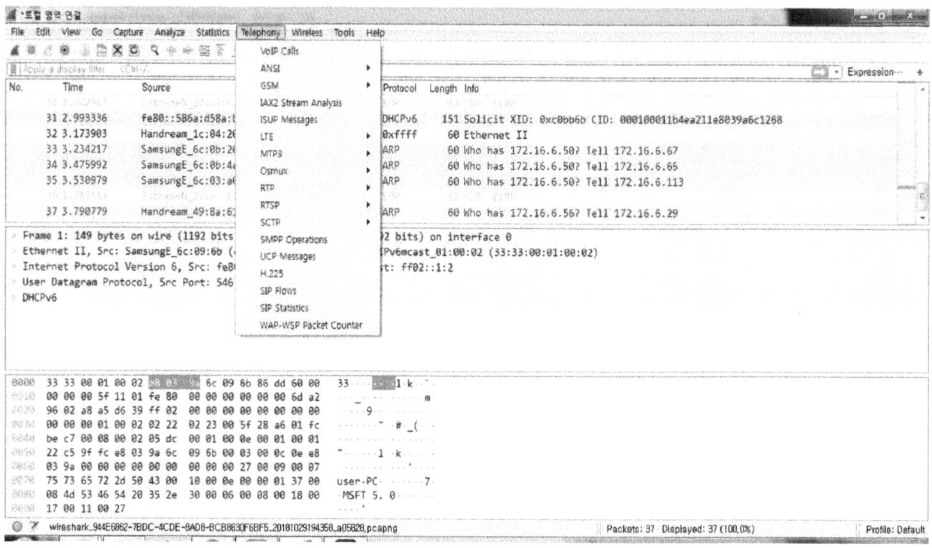

Step 9. Wireless 메뉴

Wireless 메뉴에는 Bluetooth와 IEEE 802.11 wireless 통계들을 보여주는 기능들이 있다.

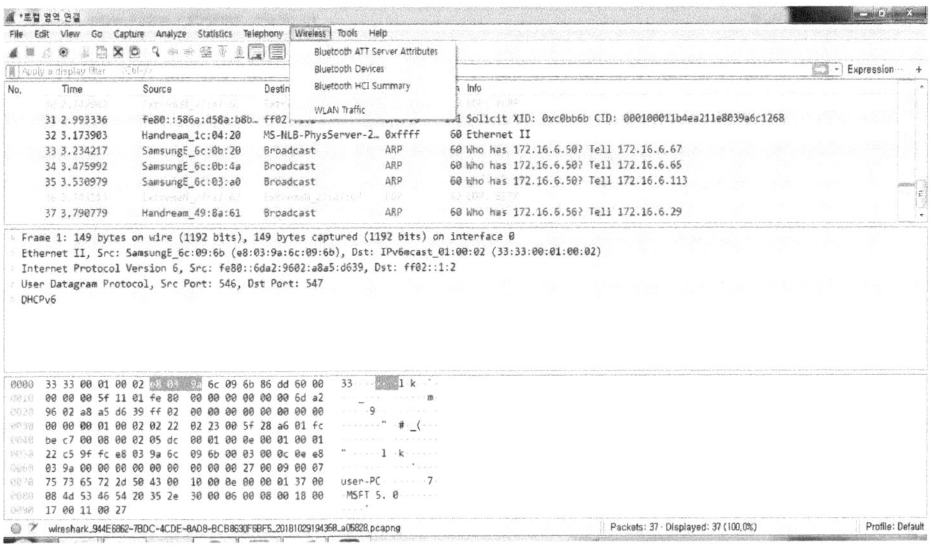

Step 10. Tools 메뉴

Tools 메뉴에는 Firewall ACL Rules 등과 같은 다양한 툴들을 제공한다.

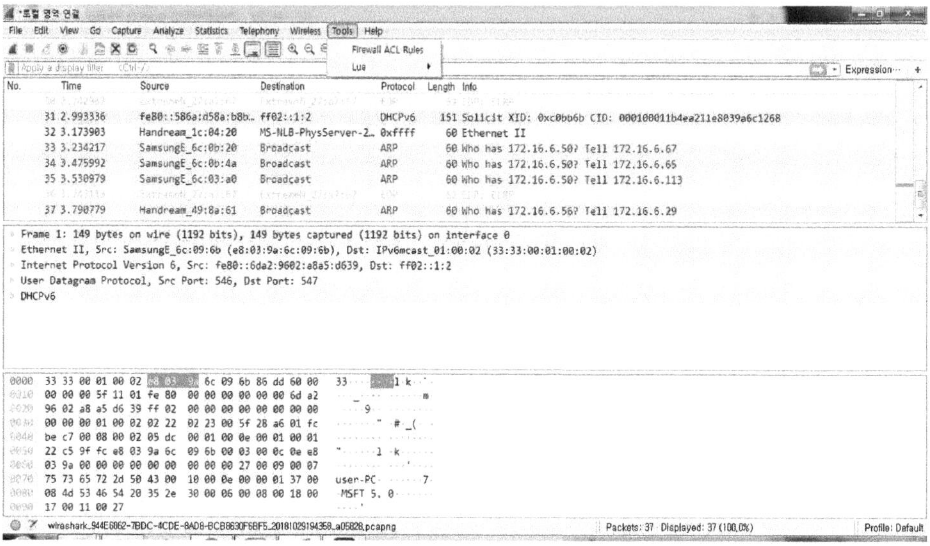

Step11. Help 메뉴

Help 메뉴에는 기본적 도움말등 사용자를 돕기 위한 기능들을 제공한가.

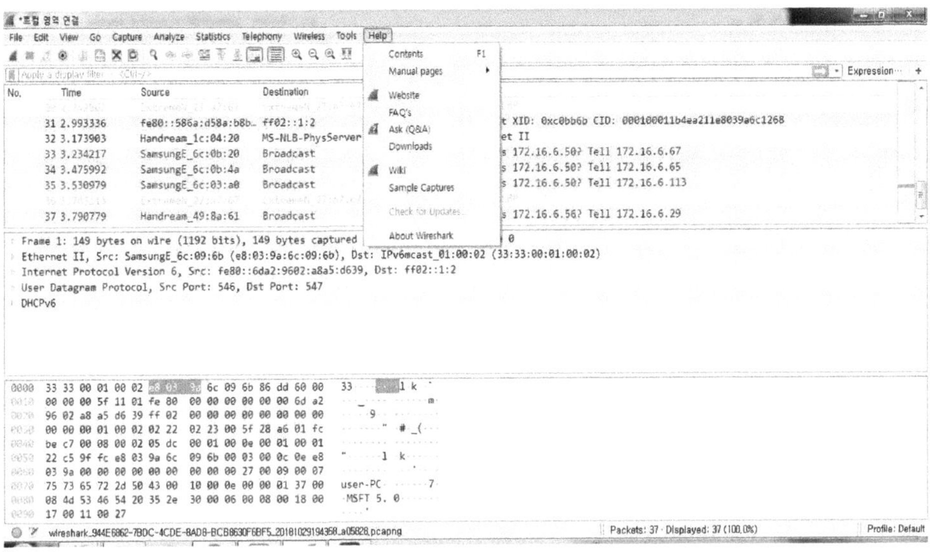

2-4-3. Wireshark 패킷 분석기로 다시 캡처하기

Step 1. 캡처중인 경우 메뉴에서 Capture -> Start 선택하면 기존의 캡처된 패킷들을 저장할 것인지를 묻는다. “Continue without Saving” 을 클릭한다.

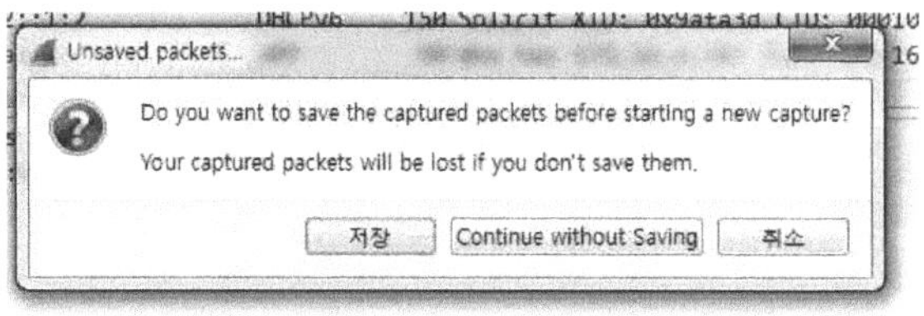

Step 2. NIC으로 들어오는 모든 패킷들을 캡처하기 시작한다.

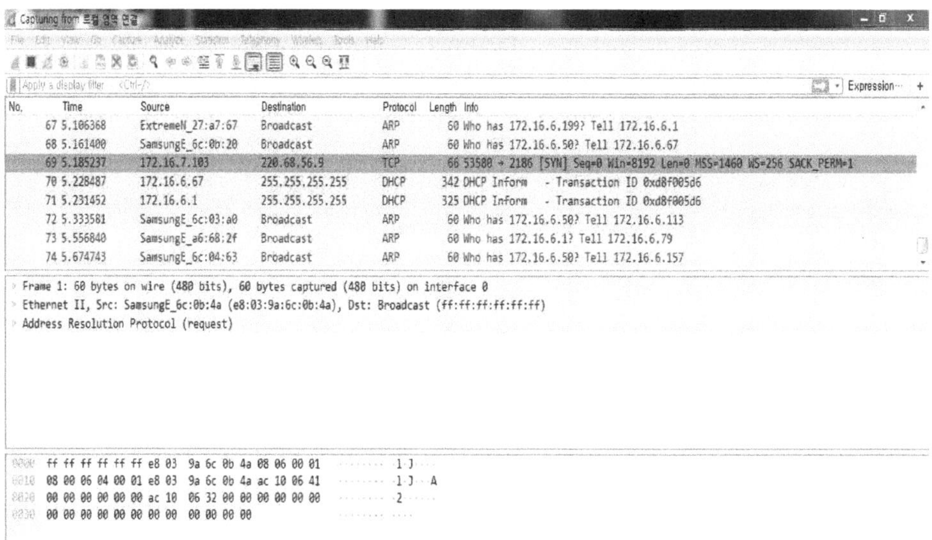

Step 3. 일정시간동안 캡처를 한 후 “Stop” 버튼을 누르면 다음과 같은 화면을 보여준다.

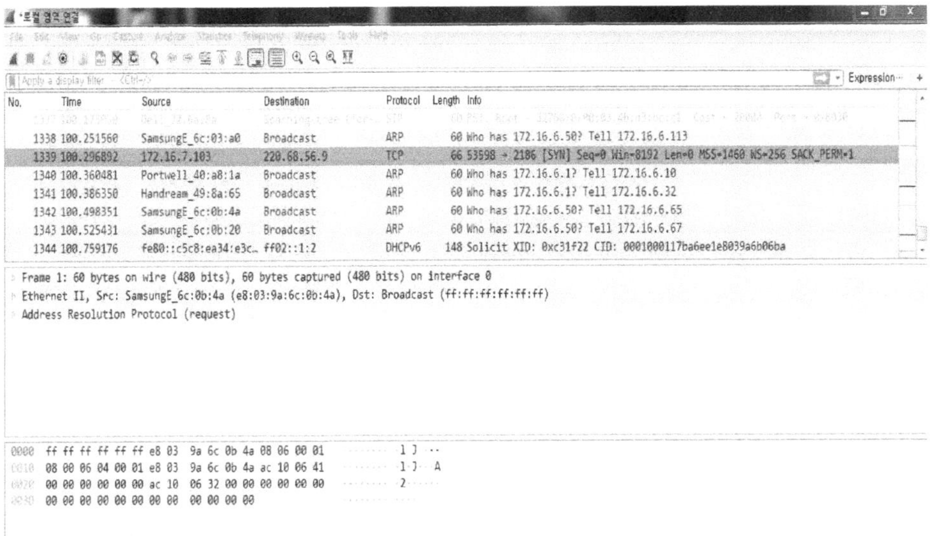

Wireshark 패킷 분석기의 구성은 크게 3부분으로 나누어 볼 수 있다.

1. 제일 상단에 있는 File, Edit, View 등 메뉴들이 있고, 메뉴에서 자주 사용되는 것을 아이콘 화한 메뉴툴바, 원하는 패킷을 캡처할 수 있도록 설정하는 필터툴바가 있다.

2. Packet List 창에는 캡처된 패킷의 번호, 시각, 소스, 데스티네이션, 프로토콜, 요약 정보 등을 표시하는 창으로 원하는 패킷을 클릭하게 되면 그 패킷의 상세한 정보가 하단의 Packet Details창과 Packet Bytes 창에 표시된다.

3. 제일 하단의 Statusbar는 현재 열려있는 파일 정보나 마우스로 선택

하는 각각의 데이터에 대한 정보가 표시된다.

2-4-4. 컴퓨터의 네트워크 정보 파악하기

Step 1. 윈도우에서 시작 -> 실행에서 “cmd” 명령어를 실행하면 도스 창이 열린다.

Step 2. 도스창에서 “ipconfig /all”을 입력하라

Step 3. 컴퓨터 정보를 아래에 입력하라.

Physical Address	
IP Address	
Subnet Mask	
Default Gateway	
DHCP Server	
DNS Server	

Step 4. 캡처한 패킷들과 컴퓨터의 Physical Address, IP Address등을 비교해보라.

관찰결과

2주차 발표

발표 2. 효율적인 SNS(Social Network Service)사용	
발표일 :	발표자 :
발표내용요약 :	

발표 2. 효율적인 SNS(Social Network Service)사용				
발표자료(오타유무, 그림, 내용명료성)	20점	15점	10점	5점
발표자세(시선, 목소리, 준비성)	20점	15점	10점	5점
발표시간 지키기	10점	5점	0점	
질의 답변 내용, 자세	10점	5점	0점	
발표내용전달	40점	30점	20점	10점
총점	점			
발표자가 잘한 점				

MEMO

LAB. 2 실습결과보고서

실습일 :
실습조장 :
실습조원 :
학번 :
이름 :

실습결과 :

MEMO

3 LAB Network Access계층

3-1 실습목적

1. Wireshark 패킷 분석기를 이용하여 Frame 포맷 확인하기.

3-2 사용 장비 및 소모품

1. PC 1대
2. Wireshark 패킷 분석기

3-3 실습개념

3-3-1. Network Access계층

그림 3-1. Network Access계층

TCP/IP 프로토콜 스택의 제일 하단에 있는 Network Access계층은 네트워크와 컴퓨터등과 같은 호스트들이 주고받는 데이터를 감시한다. OSI 7 계층의 Datalink와 Physical계층과 유사한 역할을 수행한다. Network Access계층은 MAC주소를 감시하며 선로에 데이터가 전송되는 것을 책임진다. 새로운 하드웨어 기술이 출현하게 되면 TCP/IP 네트워크가 새로운 하드웨어를 사용하기 위해 새로운 Network Access 프로토콜들이 개발되어 져야 한다. 이 계층에서 IP층의 패킷이 프레임으로 encapsulation되어 전송된다.

3-3-2. Ethernet 환경에서 사용되는 4가지 프레임

이더넷 환경에서는 다음과 같은 4가지 형태의 프레임이 사용된다.

- Ethernet II
- IEEE 802.3
- IEEE 802.2
- SNAP

Ethernet II

Preamble 8 byte	DA 6 byte	SA 6 byte	Type 2 byte	DATA	FCS 4 byte

802.3

Preamble 8 byte	DA 6 byte	SA 6 byte	Length 2 byte	DATA	FCS 4 byte

그림 3-2. Ethernet II와 802.3 프레임

Ethernet II 와 802.3 프레임은 Preamble이라고 불리는 0과 1 이 번갈아 나오는 형식으로 시작한다. Preamble은 수신측에서 새로운 프레임이 수신되고 있다는 것을 판단할 수 있도록 한다.

Ethernet II 와 802.3 프레임은 모두 Destination Address전에 Start-of-Frame Delimiter라는 비트가 있다. 이 비트열은 연속적인 두개의 1 Bits로 끝나고, 이는 LAN상의 모든 디바이스의 수신 부분을 동기화 시키는데 사용한다.

Ethernet II 와 802.3 프레임에서 Preamble 다음에 나오는 부분은 Destination과 Source Address부분이다. Ethernet과 802.3 Address는 모두 6 바이트 길이이다. 이 주소는 네트워크 인터페이스 카드 상에 저장되어 있는 하드웨어 주소이다.

물리적주소의 처음 3 Bytes는 Vendor-Dependent Basis로 IEEE에 의해 명시되어 지고, 마지막 3 Bytes는 Vendor에 의해 명시되어 진다. Source Address는 항상 Unicast(Single Node)인 반면에, Destination Address는 Unicast, Multicast(Group), Broadcast(All Node)일 수 있다.

Ethernet II 프레임은 Source Address뒤에는 2 바이트의 Type 필드가 있다. 이 필드는 데이터링크계층의 처리 후 데이터를 수용하는 상위계층의 프로토콜을 명시한다.

802.3 프레임에서는 Source Address뒤에 2 바이트의 Length 필드가 나오는데, 이 필드는 이 필드 다음부터 FCS(Frame Check Sequence) 앞에 까지 나오는 Data부분을 바이트 단위로 표시한다. Type/Length 필드 다음에는 프레임 내에 포함되어 있는 실제 데이터가 나온다.

물리계층과 데이터링크계층의 처리가 완료되면, 이 데이터가 상위계층인 네트워크계층으로 전송될 것이다. Ethernet II 의 경우 상위계층의 프로토콜은 Type 필드에 명시되지만 802.3의 경우는 상위계층이 Novell의 IPX로 간주하는 경우이다.

Data 필드 다음에는 CRC(Cyclic Redundancy Check)값을 갖는 4 바이트의 FCS 필드가 나온다. 이 CRC값은 송신측에서 만들고, 수신측에서 재계산하여 프레임이 전송도중에 에러가 발생하였는지를 판단할 수 있도록 한다.

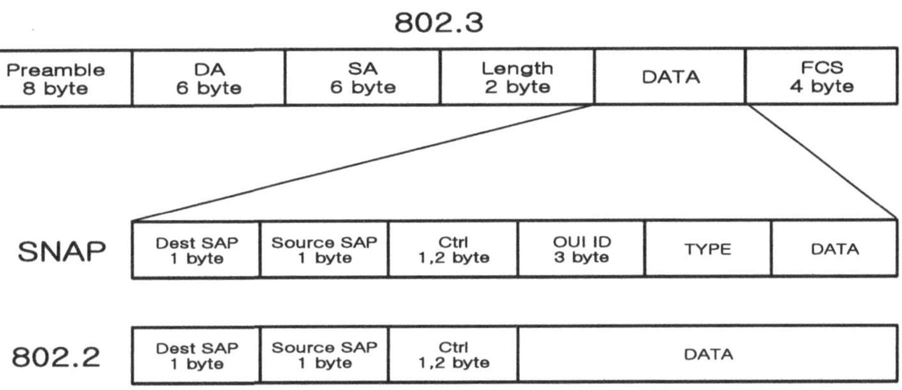

그림 3-3. 802.2와 SNAP

802.3의 경우 상위계층의 프로토콜이 Novell의 IPX로 고정된 것으로 간주하기 때문에 다른 상위계층의 프로토콜을 사용하는 경우는 네트워크계층의 프로토콜을 DATA 필드 내에 명기할 필요가 있다.

802.2는 Dest SAP, Source SAP에서 상위계층을 지정하도록 하며 SNAP는 Ethernet II처럼 Type 필드가 있고 Dest SAP와 Source SAP는 "AA"로 고정이다.

3-4 실습

3-4-1. 패킷을 캡처하고 관찰하기.

Step 1. 윈도우에서 시작 -> 실행에서 “cmd” 명령어를 실행하면 도스 창이 열린다.

Step 2. 도스창에서 “ipconfig /all”을 입력하라

Step 3. 컴퓨터 정보를 아래에 기록하라.

Physical Address	
IP Address	
Subnet Mask	
Default Gateway	
DHCP Server	
DNS Server	

Step 4. Wireshark 패킷 분석기를 실행하라.

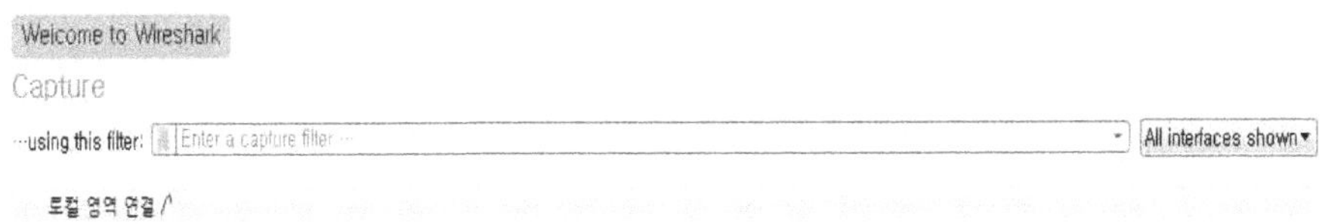

Step 5. “로컬 영역 연결”을 클릭하면 NIC 로 들어오는 패킷들을 캡처하게 된다.

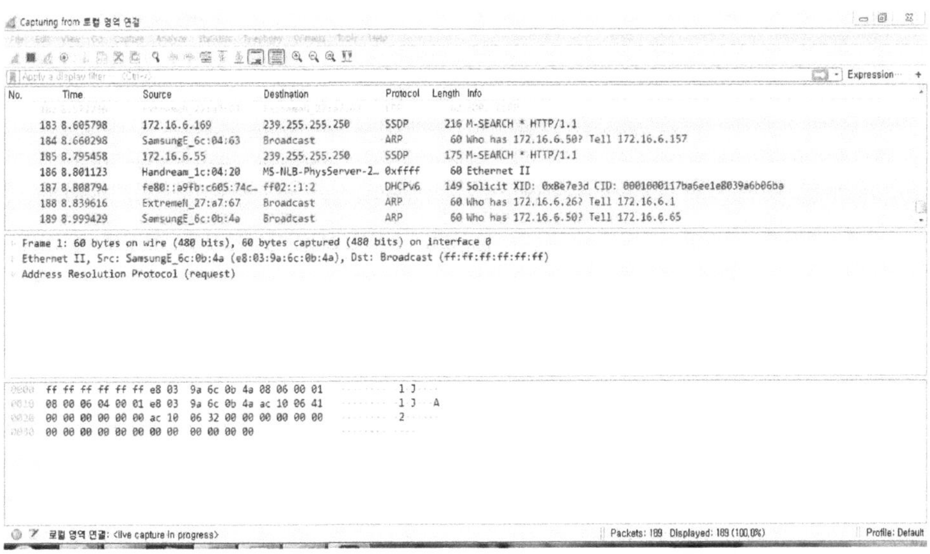

Step 6. 선택한 NIC로 들어오는 모든 패킷을 캡처하고 있다 일정시간이 지나면 “Stop” 버튼을 클릭한다. “Stop” 버튼을 누르면 다음과 같이 캡처한 패킷들을 보여준다. Packet List 창에는 캡처된 패킷의 번호, 시각, 소스, 데스티네이션, 프로토콜 그리고 요약 정보 등이 있다. 프로토콜버튼을 클릭하여 정렬을 하고 Packet List에서 Source IP주소가 자신의 것이고 Destination이 DNS 서버 IP주소인 패킷중 info 필드내용이 Standard query 인 패킷을 선택하라. Packet Details 창에서 Ethernet 항목을 선택하여 자세한 정보를 확인하고 하단의 Packet Bytes 창과 연동해서 확인한다.

Source	Destination	Protocol	Length	Info
168.126.63.2	172.16.7.103	DNS	200	Standard query response 0xc882 A api.bing.com CNAME api-
172.16.7.103	168.126.63.2	DNS	72	Standard query 0xf162 A www.bing.com
168.126.63.2	172.16.7.103	DNS	256	Standard query response 0xf162 A www.bing.com CNAME a-00
172.16.7.103	168.126.63.2	DNS	68	Standard query 0xfb65 A daum.net
168.126.63.2	172.16.7.103	DNS	200	Standard query response 0xfb65 A daum.net A 211.231.99.1
172.16.7.103	168.126.63.2	DNS	72	Standard query 0x1ebe A www.daum.net
172.16.7.103	210.105.16.2	DNS	72	Standard query 0x1ebe A www.daum.net
210.105.16.2	172.16.7.103	DNS	72	Standard query response 0x1ebe Server failure A www.daum

Step 7. 자신이 캡처한 패킷 중 위 예와 같은 것을 찾아 다음을 확인하여 기록하라.

	내용	비고
패킷의 목적은?		
Source IP Address		
Destination IP Address		

Step 8. Frame 구조를 관찰하고 다음을 기록하라.

	내용	비고
Source MAC Address		
Destination MAC Address		
Type		
패킷은 총 몇 byte?		

3-4-2. CSMA/CD(Carrier Sense Multiple Access / Collision Detection) 흐름도를 작성하라.

3주차 발표

발표 3. 인터넷마케팅 전략	
발표일 :	발표자 :
발표내용요약 :	

발표 3. 인터넷마케팅 전략				
발표자료(오타유무, 그림, 내용명료성)	20점	15점	10점	5점
발표자세(시선, 목소리, 준비성)	20점	15점	10점	5점
발표시간 지키기	10점	5점	0점	
질의 답변 내용, 자세	10점	5점	0점	
발표내용전달	40점	30점	20점	10점
총점	점			
발표자가 잘한 점				

MEMO

LAB. 3 실습결과보고서

실습일 :
실습조장 :
실습조원 :
학번 :
이름 :

실습결과 :

MEMO

4 LAB Internet계층

4-1 실습목적

1. Wireshark 패킷 분석기를 이용하여 IP 포맷 확인하기.

4-2 사용 장비 및 소모품

1. PC 1대
2. Wireshark 패킷 분석기

4-3 실습개념

4-3-1. Internet계층

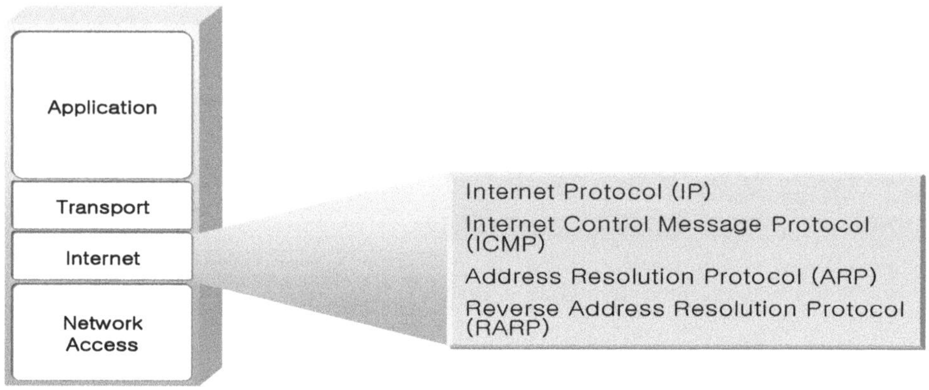

그림 4-1. Internet계층

Internet계층은 OSI 7 계층의 Network계층에 대응하며 패킷이 목적지까지 도달할 수 있도록 가상회선 등 논리적 연결을 책임진다. IP, ICMP, ARP 그리고 RARP등의 프로토콜들이 정의되어 있는 계층이다.

IP는 비연결형 프로토콜로서 패킷을 목적지까지 전송하기 위한 기능들이 정의되어 있고 ICMP는 메시지관련 부분이 정의되어 있다. ARP는 동일한 네트워크상에서 데이터 전송을 하기 위해 IP주소를 알고 MAC주소를 찾는 프로토콜이며 RARP는 MAC주소를 가지고 IP주소를 찾는 프로토콜이다.

Internet 계층의 주된 프로토콜은 IP이며 다른 프로토콜들은 IP를 지원하기 위한 것들이다. 네트워크상의 모든 호스트들은 IP주소라고 불리는 논리적 주소를 가져야 하며 IP는 이 IP주소를 이용해 Routing을 수행 할 수 있는 것이다.

4-3-2. IP header 포맷

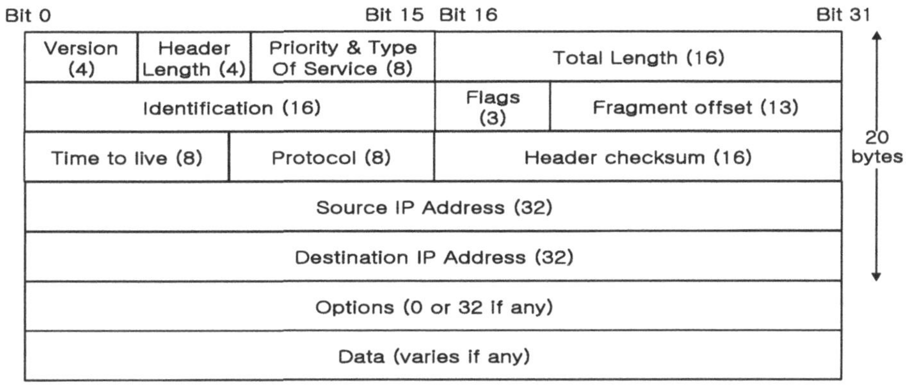

그림 4-2. IP header 포맷

Internet계층은 상위계층인 Transport계층으로부터 Segment라고 불리는 PDU를 받아서 IP header를 덧붙인다.

4-3-3. ARP(Address Resolution Protocol)

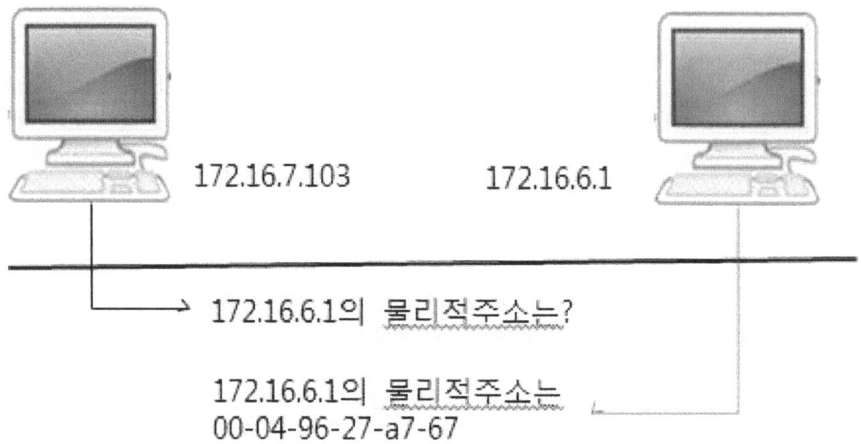

그림 4-3. ARP Broadcast

ARP(Address Resolution Protocol)은 통신하고자 하는 대상 호스트의 IP 주소는 알고 있으나 MAC주소를 모를 때 사용하는 프로토콜이다. IP는 ARP cache에서 전송하고자 하는 목적 호스트의 MAC주소를 찾을 수 없을 때 ARP를 사용한다.

그림 4-3은 ARP의 예를 보여주고 있다. 172.16.7.103의 IP주소를 가지고 있는 호스트가 172.16.6.1의 IP주소를 가지고 있는 호스트에게 전송하고자 하는 패킷이 있을 때 172.16.7.103의 ARP cache에서 172.16.6.1의 MAC 주소가 기록되어 있는지 확인하고 없다면 Local 망에 broadcast를 내보내게 된다. 172.16.6.1호스트는 자신의 MAC주소를 묻는 broadcast를 확인하고 응답을 해줌으로서 패킷전송에 필요한 정보를 172.16.7.103은 얻을 수 있게 된다.

4-3-4. RARP(Reverse Address Resolution Protocol)

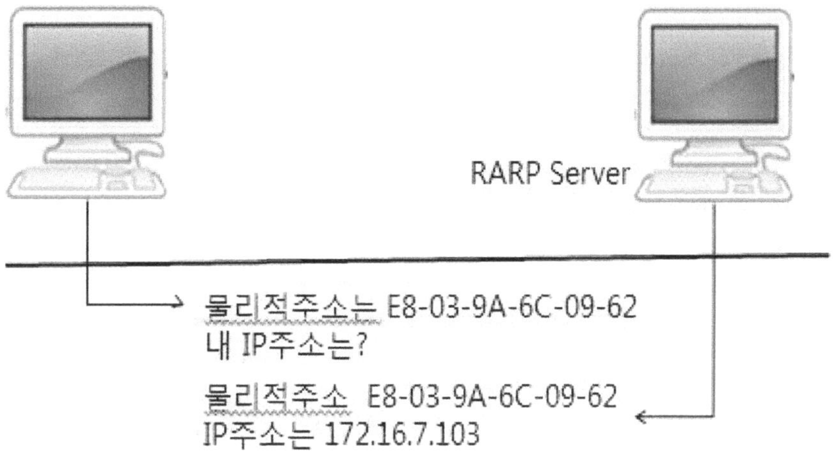

그림 4-4. RARP Broadcast

보조기억장치가 없는 호스트의 경우 등 IP주소를 가지고 있지 않을 때 자신의 MAC주소를 RARP 서버에 Broadcast하게 된다. RARP는 Broadcast를 수신하면 즉시 상대방에게 IP주소를 할당하는 프로토콜이다.

4-4 실습

4-4-1. IP header 포맷확인하기

Step 1. 도스창에서 "ipconfig /all"을 입력하여 컴퓨터 정보를 기록하라.

Physical Address	
IP Address	
Subnet Mask	
Default Gateway	
DHCP Server	
DNS Server	

Step 2. Wireshark 패킷 분석기를 실행하고 중앙의 "로컬 영역 연결"을 클릭하여 패킷들을 캡처하라.

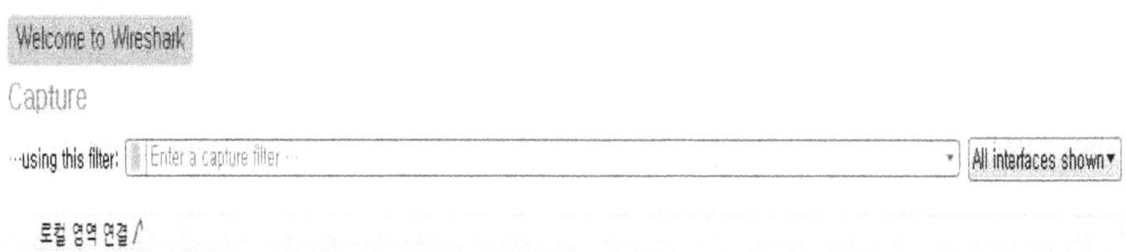

Step 3. Wireshark 패킷 분석기에서 “Stop” 버튼을 누르면 다음과 같이 캡처한 패킷들을 보여준다. Packet List 창에는 캡처된 패킷의 번호, 시각, 소스, 데스티네이션, 프로토콜 그리고 요약 정보 등이 있다. 프로토콜버튼을 클릭하여 정렬을 하고 Packet List에서 Source IP주소가 자신의 것이고 Destination이 DNS 서버 IP주소인 패킷 중 info 필드내용이 Standard query인 패킷을 선택하라. Packet Details 창에서 “Internet Protocol Version 4" 항목을 선택하여 자세한 정보를 확인하고 하단의 Packet Bytes 창과 연동해서 확인한다.

Source	Destination	Protocol	Length	Info
168.126.63.2	172.16.7.103	DNS	200	Standard query response 0xc882 A api.bing.com CNAME api-
172.16.7.103	168.126.63.2	DNS	72	Standard query 0xf162 A www.bing.com
168.126.63.2	172.16.7.103	DNS	256	Standard query response 0xf162 A www.bing.com CNAME a-00
172.16.7.103	168.126.63.2	DNS	68	Standard query 0xfb65 A daum.net
168.126.63.2	172.16.7.103	DNS	200	Standard query response 0xfb65 A daum.net A 211.231.99.1
172.16.7.103	168.126.63.2	DNS	72	Standard query 0x1ebe A www.daum.net
172.16.7.103	210.105.16.2	DNS	72	Standard query 0x1ebe A www.daum.net
210.105.16.2	172.16.7.103	DNS	72	Standard query response 0x1ebe Server failure A www.daum

Step 4. 자신이 캡처한 패킷 중 위 예와 같은 것을 찾아 다음을 확인하여 작성하라.

필드명	16진수	비고
Version		
Header Length		
Differentiated Services Field		
Total Length		
Identification		
Flags		
Time to live		
Protocol		
Header checksum		
Source IP Address		
Destination IP Address		
Options		
Data		

Step 5. IP header내의 각 필드의 의미를 조사하여 기록하라.

필드명	16진수	비고
Version		
Header Length		
Differentiated Services Field		
Total Length		
Identification		
Flags		
Time to live		
Protocol		
Header checksum		
Source IP Address		
Destination IP Address		
Options		
Data		

MEMO

4주차 발표

발표 4. 빅데이터란	
발표일 :	발표자 :
발표내용요약 :	

발표 4. 빅데이터란

발표자료(오타유무, 그림, 내용명료성)	20점	15점	10점	5점
발표자세(시선, 목소리, 준비성)	20점	15점	10점	5점
발표시간 지키기	10점	5점	0점	
질의 답변 내용, 자세	10점	5점	0점	
발표내용전달	40점	30점	20점	10점
총점	점			

발표자가 잘한 점

MEMO

LAB. 4 실습결과보고서

실습일 :
실습조장 :
실습조원 :
학번 :
이름 :

실습결과 :

MEMO

5 LAB Transport계층

5-1 실습목적

1. Wireshark 패킷 분석기를 이용하여 TCP 포맷 확인하기.
2. Wireshark 패킷 분석기를 이용하여 UDP 포맷 확인하기.

5-2 사용 장비 및 소모품

1. PC 1대
2. Wireshark 패킷 분석기

5-3 실습개념

5-3-1. Transport계층

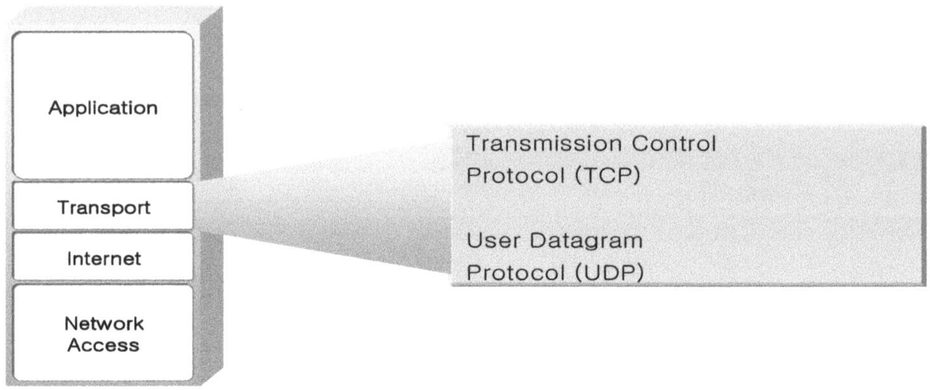

그림 5-1. Transport계층

Transport계층은 TCP(Transmission Control Protocol)과 UDP(User Datagram Protocol)을 가지고 있다. 이 계층은 Host-to-Host계층이라고도 불리며 이 계층에서의 서비스는 Application계층의 정보를 전송할 수 있는 크기만큼 나누어서 전송하고 수신측에서는 다시 결합하는 기능을 포함한다. Transport계층의 주된 임무는 “end-to-end”의 전송을 책임지는 것이다. 즉 인터넷상에서 송신측과 수신측의 논리적 연결을 구성하는 역할을 수행한다.

종단 간 연결을 책임지기 위해서 “Sliding Window” 방식의 흐름제어 기능과 “Sequence Number”, “"acknowledgements”등을 이용하여 신뢰성을 높인다. Transport계층에서는 연결지향형인 TCP(Transmission Control Protocol)과 비연결형지향형인 UDP(User Datagram Protocol)이 있다.

TCP는 종단 간 가상회선을 설정하고 Segment 단위로 데이터를 전송한다. 전송의 신뢰도를 높이기 위해 Segment들을 전송하기 전에 연결을 설정한다. 전송 중 잃어버린 Segment들은 재전송하여 신뢰성이 높은 프로토콜이다. UDP는 TCP와는 달리 가상회선을 설정하지 않고 망내에 Segment 단위로 전송하며 수신측에서 수신을 했는지 확인하지 않는 방식이다.

5-3-2. TCP header 포맷

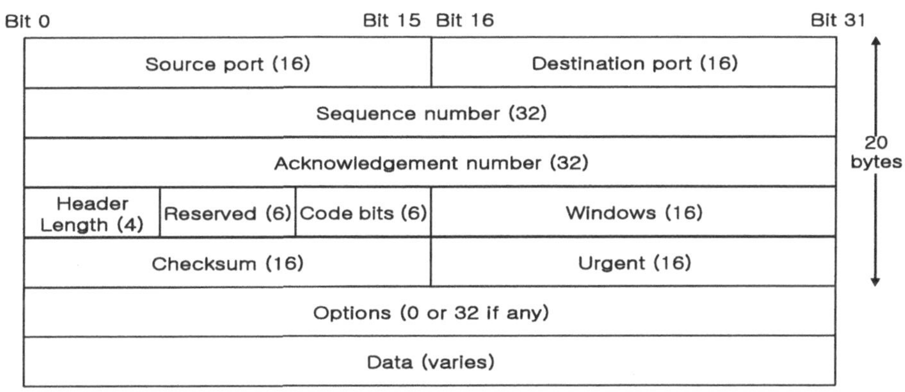

그림 5-2. TCP header 포맷

TCP는 Application계층으로부터 전송할 DATA를 받아서 전송할 수 있는 크기로 자른다. 이것을 Segment라고 한다. 수신측에서 재결합을 할 수 있도록 Sequence number를 부여하며 Acknowledgement를 받지 못하면 재전송을 하여 신뢰할 수 있는 전송이 종단 간 이루어지도록 한다. 그림 5-2는 TCP header 포맷이다.

5-3-3. UDP header 포맷

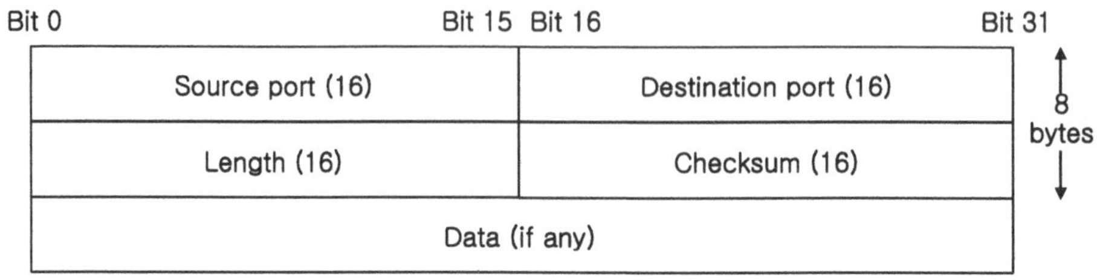

그림 5-3. UDP header 포맷

UDP는 Application 개발자가 TCP대신에 선택할 수 있는 프로토콜이다. 만약 전송하고자 하는 데이터의 량이 작고 TCP 방식보다 전체 데이터의 재전송 량이 작다면 UDP를 선택하는 것이 현명하다. TCP에 비해 간단한 프로토콜로서 UDP는 virtual circuit을 사용하지 않고 Sequence number나 Acknowledgement등을 사용하지 않기 때문에 unreliable protocol이라고도 불린다. UDP는 Application의 자체 신뢰 방식을 사용하고 빠른 전송을 원할 때 선택된다. 그림 5-3은 UDP header 포맷이다.

5-4 실습

5-4-1. TCP

Step 1. 도스창에서 "ipconfig /all"을 입력하여 컴퓨터 정보를 아래에 기록하라.

Physical Address	
IP Address	
Subnet Mask	
Default Gateway	
DHCP Server	
DNS Server	

Step 2. Wireshark 패킷 분석기를 실행하고 중앙의 "로컬 영역 연결"을 클릭하여 패킷들을 캡처하라.

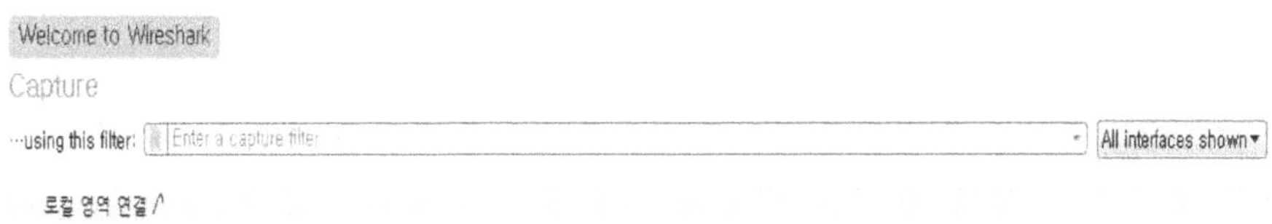

Step 3. Wireshark 패킷 분석기에서 "Stop" 버튼을 누르면 다음과 같이 캡처한 패킷들을 보여준다. Packet List 창에는 캡처된 패킷의 번호, 시각, 소스, 데스티네이션, 프로토콜 그리고 요약 정보 등이 있다. 프로토콜 버튼을 클릭하여 정렬을 하고 관련 TCP 중 하나의 패킷을 선택하라. Packet Details 창과 하단의 Packet Bytes 창을 연동해서 확인한다.

172.30.1.35	210.105.16.71	TCP	66 3689 → 80 [SYN] Seq=0 Win=8192 Len=0 MSS=1460 WS=4 SACK_PERM=1
172.30.1.35	210.105.16.71	TCP	66 3690 → 80 [SYN] Seq=0 Win=8192 Len=0 MSS=1460 WS=4 SACK_PERM=1
210.105.16.71	172.30.1.35	TCP	66 80 → 3689 [SYN, ACK] Seq=0 Ack=1 Win=5840 Len=0 MSS=1460 SACK_PERM=1 WS=4
172.30.1.35	210.105.16.71	TCP	54 3689 → 80 [ACK] Seq=1 Ack=1 Win=65700 Len=0
210.105.16.71	172.30.1.35	TCP	66 80 → 3690 [SYN, ACK] Seq=0 Ack=1 Win=5840 Len=0 MSS=1460 SACK_PERM=1 WS=4
172.30.1.35	210.105.16.71	TCP	54 3690 → 80 [ACK] Seq=1 Ack=1 Win=65700 Len=0
172.30.1.35	210.105.16.71	HTTP	495 GET / HTTP/1.1

Step 4. 자신이 캡처한 패킷 중 위 예와 같은 TCP header를 열어 다음을 확인하여 작성하라.

필드명	16진수	비고
Source port		
Destination port		
Sequence number		
Acknowledgement number		
Header Length		
Flags		
Windows Size		
checksum		
Urgent		
Options		
Data		

Step 5. TCP header내의 각 필드의 의미를 조사하여 기록하라.

필드명	16진수	비고
Source port		
Destination port		
Sequence number		
Acknowledgement number		
Header Length		
Flags		
Windows Size		
checksum		
Urgent		
Options		
Data		

5-4-2. UDP

Step 1. Packet List 창에는 캡처된 패킷의 번호, 시각, 소스, 데스티네이션, 프로토콜 그리고 요약 정보 등이 있다. 프로토콜 버튼을 클릭하여 정렬을 하고 DNS 중 하나의 패킷을 선택하라. Packet Detail창과 하단의 Packet Bytes창을 연동해서 확인한다.

Source	Destination	Protocol	Length	Info
168.126.63.2	172.16.7.103	DNS	200	Standard query response 0xc882 A api.bing.com CNAME api-
172.16.7.103	168.126.63.2	DNS	72	Standard query 0xf162 A www.bing.com
168.126.63.2	172.16.7.103	DNS	256	Standard query response 0xf162 A www.bing.com CNAME a-00
172.16.7.103	168.126.63.2	DNS	68	Standard query 0xfb65 A daum.net
168.126.63.2	172.16.7.103	DNS	200	Standard query response 0xfb65 A daum.net A 211.231.99.1
172.16.7.103	168.126.63.2	DNS	72	Standard query 0x1ebe A www.daum.net
172.16.7.103	210.105.16.2	DNS	72	Standard query 0x1ebe A www.daum.net
210.105.16.2	172.16.7.103	DNS	72	Standard query response 0x1ebe Server failure A www.daum

Step 2. 자신이 캡처한 패킷 중 위 예와 같은 것을 찾아 다음을 확인하여 기록하라.

필드명	16진수	비고
Source port		
Destination port		
Length		
Checksum		
Data		

Step 3. UDP header내의 각 필드의 의미를 조사하여 기록하라.

필드명	의미
Source port	
Destination port	
Length	
Checksum	
Data	

5주차 발표

발표 5. 데이터 마이닝 개념과 기법	
발표일 :	발표자 :
발표내용요약 :	

발표 5. 데이터 마이닝 개념과 기법				
발표자료(오타유무, 그림, 내용명료성)	20점	15점	10점	5점
발표자세(시선, 목소리, 준비성)	20점	15점	10점	5점
발표시간 지키기	10점	5점	0점	
질의 답변 내용, 자세	10점	5점	0점	
발표내용전달	40점	30점	20점	10점
총점	점			
발표자가 잘한 점				

MEMO

LAB. 5 실습결과보고서

실습일 :
실습조장 :
실습조원 :
학번 :
이름 :

실습결과 :

MEMO

6 LAB ARP 실습

6-1 실습목적

1. Wireshark 패킷 분석기를 이용하여 ARP 동작 확인하기.
2. 포맷 확인하기.

6-2 사용 장비 및 소모품

1. PC 2대
2. Wireshark 패킷 분석기

6-3 실습개념

6-3-1. ARP(Address Resolution Protocol)

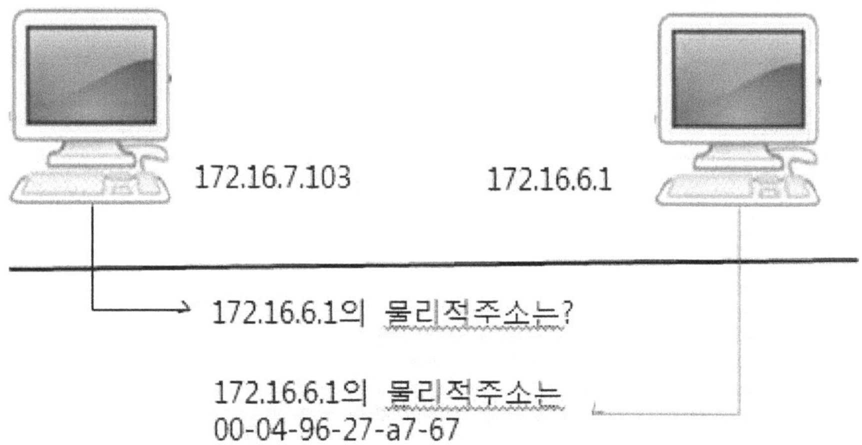

그림 6-1. ARP(Address Resolution Protocol)

ARP는 IP주소는 알고 있으나 물리적주소를 모를 때 사용하는 프로토콜이다. RARP는 물리적주소는 알고 있으나 IP주소를 알고자 할 때 사용하는 것이다. 동일한 네트워크상의 Host에 데이터를 송신하고자 할 때 상대방의 물리적주소를 알아야 프레임을 만들 수 있다. 또한 외부망의 Host에 데이터를 송신하고자 할 때 는 기본게이트웨이를 거쳐서 나가기 때문에 기본게이트웨이의 물리적주소를 알아야 프레임을 만들 수 있다.

OSI 7 계층	TCP/IP	ARP 캡처	encapsulation
응용	응용		↓
표현			
세션			
전송	전송		
네트워크	인터넷	Address Resolution Protocol	
데이터링크	네트워크 접근	Ethernet II	
물리			

그림 6-2. ARP 프로토콜 스택

ARP와 RARP의 프로토콜 스택은 그림 6-2와 같다. ARP와 RARP는 인터넷계층에 속하는 프로토콜이다. 내 컴퓨터가 연결해야 할 호스트의 IP주소는 알고 있으나 물리적주소를 모를 때 ARP 요청 프레임을 Broadcast한다. ARP 요청 프레임은 동일 네트워크의 모든 호스트들이 수신하여 ARP 요청 프레임 내의 IP주소가 자신의 IP주소와 동일한지를 검사하고 자신의 IP주소와 다를 경우는 무시를 하며 동일한 경우는 ARP 응답 프레임을 만들어 자신의 물리적주소를 기록한 후 Unicast로 전송한다.

6-4 실습

6-4-1. arp

Step 1. 도스창에서 "ipconfig /all"을 입력하여 컴퓨터 정보를 아래에 기록하라.

Physical Address	
IP Address	
Subnet Mask	
Default Gateway	
DHCP Server	
DNS Server	

Step 2. arp 실습을 하기 위해 도스창에서 "arp -a"를 실행하여 arp 캐시에 저장되어 있는 옆자리 컴퓨터의 IP주소 와 물리적주소 쌍을 확인한다.

```
C:₩Users₩user>arp -a

인터페이스: 172.16.7.103 --- 0xa
  인터넷 주소           물리적 주소           유형
  169.254.110.163       98-83-89-86-0c-da     동적
  172.16.6.1            00-04-96-27-a7-67     동적
  172.16.6.10           00-90-fb-40-a8-1a     동적
  172.16.6.11           00-1a-f4-1c-04-20     동적
  172.16.6.12           00-1a-f4-49-92-4b     동적
  172.16.6.13           00-1a-f4-49-92-41     동적
  172.16.6.15           00-1a-f4-1c-04-0c     동적
  172.16.6.29           00-1a-f4-49-8a-61     동적
  172.16.6.30           00-1a-f4-49-8a-6d     동적
  172.16.6.32           00-1a-f4-49-8a-65     동적
  172.16.6.34           00-1a-f4-49-b2-17     동적
  172.16.6.35           00-1a-f4-49-8a-6a     동적
  172.16.6.36           00-1a-f4-49-8a-66     동적
  172.16.6.37           00-1a-f4-49-b1-fc     동적
  172.16.6.39           50-b7-c3-a0-4b-90     동적
  172.16.6.53           24-f5-aa-de-5c-60     동적
  172.16.6.65           24-f5-aa-e5-56-fa     동적
  172.16.6.67           e8-03-9a-6c-01-14     동적
  172.16.6.70           24-f5-aa-e5-41-f9     동적
  172.16.6.77           e8-03-9a-6c-08-f6     동적
  172.16.6.81           e8-03-9a-6c-06-5e     동적
  172.16.6.86           24-f5-aa-de-60-38     동적
  172.16.6.93           e8-03-9a-6c-06-68     동적
  172.16.6.99           98-83-89-86-00-38     동적
  172.16.6.113          98-83-89-86-0c-d4     동적
  172.16.6.137          e8-03-9a-6c-02-76     동적
  172.16.6.139          d8-cb-8a-fb-b2-23     동적
  172.16.6.145          e8-03-9a-6c-03-98     동적
```

Step 3. 옆자리 컴퓨터의 IP주소를 확인한 후 옆자리의 컴퓨터와 ping test를 하여 응답을 받을 수 있는지 확인하라.

```
C:₩Users₩user>ping 172.16.6.187

Ping 172.16.6.187 32바이트 데이터 사용:
172.16.6.187의 응답: 바이트=32 시간=1ms TTL=128
172.16.6.187의 응답: 바이트=32 시간<1ms TTL=128
172.16.6.187의 응답: 바이트=32 시간<1ms TTL=128
172.16.6.187의 응답: 바이트=32 시간<1ms TTL=128

172.16.6.187에 대한 Ping 통계:
    패킷: 보냄 = 4, 받음 = 4, 손실 = 0 (0% 손실),
왕복 시간(밀리초):
    최소 = 0ms, 최대 = 1ms, 평균 = 0ms
```

응답이 다음과 같다면 옆자리 컴퓨터의 방화벽을 해제하고 실습을 계속한다.

```
C:₩Users₩user>ping 172.16.6.187

Ping 172.16.6.187 32바이트 데이터 사용:
요청 시간이 만료되었습니다.
요청 시간이 만료되었습니다.
요청 시간이 만료되었습니다.
요청 시간이 만료되었습니다.
```

Step 4. arp 실습을 하기 위해 도스창에서 “arp -d 옆자리의 컴퓨터 IP주소”를 실행하여 arp 캐시에 저장되어 있는 IP주소 와 물리적주소 쌍을 삭제한다.

```
C:₩Users₩user>arp -d 172.16.6.187

C:₩Users₩user>
```

Step 5. arp 캐시에 저장되어 있는 IP주소 와 물리적주소 쌍을 모두 삭제하고자 하면 "C:₩Users₩user>arp -d *" 같이 삭제한다.

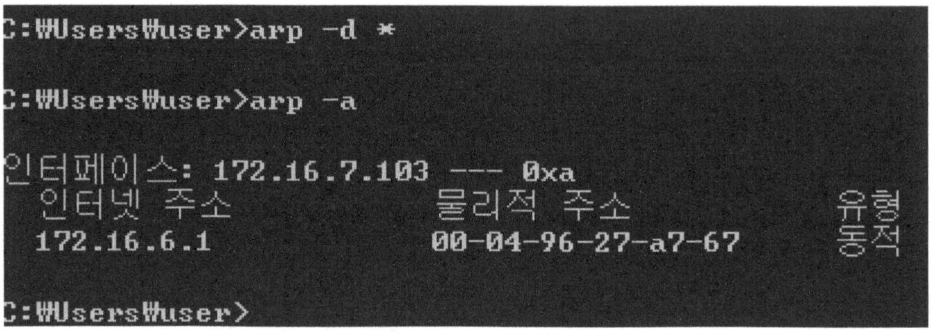

Step 6. Wireshark 패킷 분석기를 실행하고 중앙의 "로컬 영역 연결"을 클릭하여 패킷캡처를 시작하라.

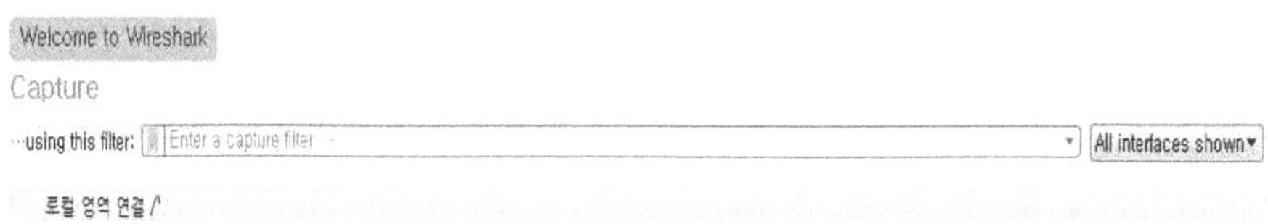

Step 7. "ping 172.16.6.187"(옆자리의 컴퓨터 IP주소)를 실행하라.

Step 8. Wireshark 패킷 분석기에서 "Stop" 버튼을 누르면 다음과 같이 캡처한 프레임들을 보여준다. Packet List 창에는 캡처된 프레임의 번호, 시각, 소스, 데스티네이션, 프로토콜 그리고 요약 정보 등이 있다. ARP 프레임을 찾는다.

```
SamsungE_6c:09:62   Broadcast           ARP   42 Who has 172.16.6.187? Tell 172.16.7.103
SamsungE_6b:ed:b0   SamsungE_6c:09:62   ARP   60 172.16.6.187 is at e8:03:9a:6b:ed:b0
```

Step 9. 마우스로 요청 프레임을 선택한 후 하단창의 16진수 들을 표에 기록한다.

```
ff ff ff ff ff ff e8 03  9a 6c 09 62 08 06 00 01
08 00 06 04 00 01 e8 03  9a 6c 09 62 ac 10 07 67
00 00 00 00 00 00 ac 10  06 bb
```


Step 10. 자신이 캡처한 연결 요청 프레임에서 Address Resolution Protocol(request)에서 다음을 확인하여 작성하라.

필드명	16진수	바이트 수
Hardware type		
Protocol type		
Hardware size		
Protocol size		
Opcode		
Sender MAC address		
Sender IP address		
Target MAC address		
Target IP address		

- Hardware Type은 ARP 메시지를 전송하는 Local Network에서 사용하는 Hardware Type을 표시한다. 자주 사용되는 값들은 다음과 같다

Hardware Value	Hardware Type
1	Ethernet(10Mb)
6	IEEE 802 Networks
15	Frame Relay
17	HDLC

- Protocol type은 Hardware Type 필드를 보완하는 필드이다. IPv4주소의 경우 2048(0800 hex)값을 사용한다.

- Hardware size 는 물리적주소의 길이를 나타낸다.

- Protocol size 는 IPv4 주소의 길이를 나타낸다.

- Opcode 는 ARP 메시지의 특성을 나타낸다.

Opcode	ARP Message Type
1	ARP Request
2	ARP Reply
3	RARP Request
4	RARP Reply

Step 11. 마우스로 응답한 프레임을 선택한 후 하단창의 16진수 들을 표에 기록한다.

```
e8 03 9a 6c 09 62 e8 03  9a 6b ed b0 08 06 00 01
08 00 06 04 00 02 e8 03  9a 6b ed b0 ac 10 06 bb
e8 03 9a 6c 09 62 ac 10  07 67 00 00 00 00 00 00
00 00 00 00 00 00 00 00  00 00 00 00
```


Step 12. 자신이 캡처한 연결 요청 프레임에서 Address Resolution Protocol(request)에서 다음을 확인하여 작성하라.

필드명	16진수	바이트 수
Hardware type		
Protocol type		
Hardware size		
Protocol size		
Opcode		
Sender MAC address		
Sender IP address		
Target MAC address		
Target IP address		

MEMO

6주차 발표

발표 6. 가상화폐 전망	
발표일 :	발표자 :
발표내용요약 :	

발표 6. 가상화폐 전망				
발표자료(오타유무, 그림, 내용명료성)	20점	15점	10점	5점
발표자세(시선, 목소리, 준비성)	20점	15점	10점	5점
발표시간 지키기	10점	5점	0점	
질의 답변 내용, 자세	10점	5점	0점	
발표내용전달	40점	30점	20점	10점
총점	점			
발표자가 잘한 점				

MEMO

LAB. 6 실습결과보고서

실습일 :
실습조장 :
실습조원 :
학번 :
이름 :

실습결과 :

MEMO

7 LAB ping 실습

7-1 실습목적

1. Wireshark 패킷 분석기를 이용하여 ICMP 포맷 확인하기.
2. ICMP echo request/reply 메시지 포맷 확인하기.

7-2 사용 장비 및 소모품

1. PC 1대
2. Wireshark 패킷 분석기

7-3 실습개념

7-3-1. ICMP(Internet Control Message Protocol)

Bit 0	Bit 15	Bit 16	Bit 31
ICMP Type	ICMP Code	ICMP Checksum	
Identifier		Sequence Number	
ICMP Data			

그림 7-1. ICMP 메시지 포맷

ICMP는 인터넷에서 에러나 자어 메시지를 처리하기 위해 준비된 프로토콜이다. 흔히 사용하는 것이 연결하고자 하는 상대방 Host와 echo request/reply를 이용하는 ping test 이다. ping test 이외에도 “destination unreachable : 목적지 도달 불능 ” 등과 같이 네트워크 관리자 및 사용자가 네트워크의 통신상태를 확인할 수 있는 메시지를 관리한다.

OSI 7 계층	TCP/IP	ping 캡처	encapsulation
응용	응용	ping	↓
표현			
세션			
전송	전송		
네트워크	인터넷	ICMP Internet Protocol	
데이터링크	네트워크 접근	Ethernet II	
물리			

그림 7-2. ping의 프로토콜 스택

ping은 상대방 호스트에 응답 요청 메시지를 보내고 응답을 받음으로써 상대방이 동작하고 있고 연결 가능함을 확인하는 프로그램이다. ping은 ICMP(Internet Control Message Protocol)내에 응답요청을 작성하여 Internet Protocol에게 전달요청을 하게 된다. IP는 헤더를 작성하여 붙이고 이더넷 계층으로 전달 요청을 하게 되는 과정을 그림 7-2에 보이고 있다.

7-4 실습

7-4-1. ping test

Step 1. 도스창에서 “ipconfig /all”을 입력하여 컴퓨터 정보를 아래에 기록하라.

Physical Address	
IP Address	
Subnet Mask	
Default Gateway	
DHCP Server	
DNS Server	

Step 2. Default Gateway에 에코 요청을 하기 위해 도스창에서 “ping IP주소”를 실행한다.

Step 3. Wireshark 패킷 분석기를 실행하고 중앙의 “로컬 영역 연결”을 클릭하여 패킷캡처를 시작하라.

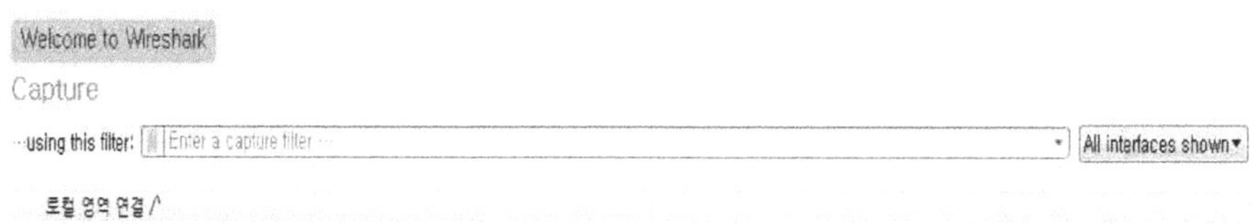

Step 4. Wireshark 패킷 분석기에서 “Stop” 버튼을 누르면 다음과 같이 캡처한 프레임들을 보여준다. Packet List 창에는 캡처된 프레임의 번호, 시각, 소스, 데스티네이션, 프로토콜 그리고 요약 정보 등이 있다. 프로토콜 버튼을 클릭하여 정렬을 하고 ICMP 중 자신의 컴퓨터에서 요청한 echo request 와 응답을 받은 echo reply 쌍을 선택하라.

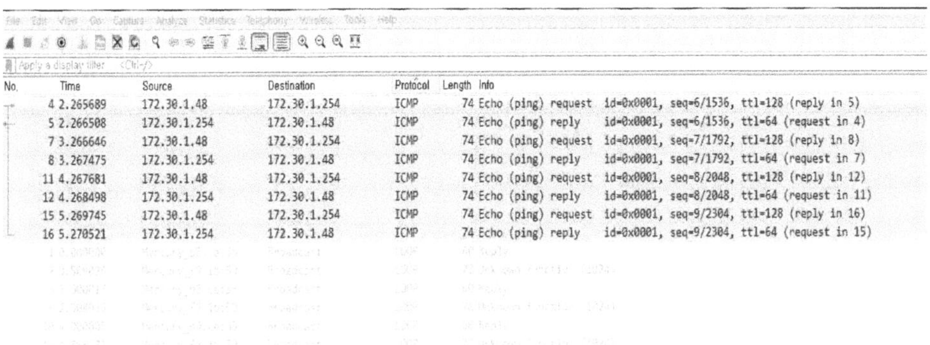

Step 5. 마우스로 Echo (ping) request 를 선택한 후 하단창의 16진수 들을 표에 기록한다.

```
08 5d dd b0 ce 35 d0 50  99 4b bd ce 08 00 45 00
00 3c 17 31 00 00 80 01  00 00 ac 1e 01 30 ac 1e
01 fe 08 00 4d 55 00 01  00 06 61 62 63 64 65 66
67 68 69 6a 6b 6c 6d 6e  6f 70 71 72 73 74 75 76
77 61 62 63 64 65 66 67  68 69
```


Step 6. 자신이 캡처한 Echo (ping) request 프레임에서 다음을 확인하여 작성하라.

필드명	16진수	바이트 수
Type		
Code		
Checksum		
Identifier		
Sequence number		
Data		

Step 7. 마우스로 Echo (ping) reply 를 선택한 후 하단창의 16진수 들을 표에 기록한다.

```
d0 50 99 4b bd ce 08 5d  dd b0 ce 35 08 00 45 c0
00 3c 6b 3e 00 00 40 01  b3 58 ac 1e 01 fe ac 1e
01 30 00 00 55 55 00 01  00 06 61 62 63 64 65 66
67 68 69 6a 6b 6c 6d 6e  6f 70 71 72 73 74 75 76
77 61 62 63 64 65 66 67  68 69
```


Step 8. 자신이 캡처한 Echo (ping) reply 프레임에서 다음을 확인하여 작성하라.

필드명	16진수	바이트 수
Type		
Code		
Checksum		
Identifier		
Sequence number		
Data		

MEMO

7주차 발표

발표 7. 공유기 설정	
발표일 :	발표자 :
발표내용요약 :	

발표 7. 공유기 설정				
발표자료(오타유무, 그림, 내용명료성)	20점	15점	10점	5점
발표자세(시선, 목소리, 준비성)	20점	15점	10점	5점
발표시간 지키기	10점	5점	0점	
질의 답변 내용, 자세	10점	5점	0점	
발표내용전달	40점	30점	20점	10점
총점	점			
발표자가 잘한 점				

MEMO

LAB. 7 실습결과보고서

실습일 :
실습조장 :
실습조원 :
학번 :
이름 :

실습결과 :

MEMO

8
LAB

3 way handshake 실습

8-1 실습목적

1. Wireshark 패킷 분석기를 이용하여 TCP 포맷 확인하기.
2. 3 way handshake 메시지 포맷 확인하기.

8-2 사용 장비 및 소모품

1. PC 1대
2. Wireshark 패킷 분석기

8-3 실습개념

8-3-1. 3 way handshake

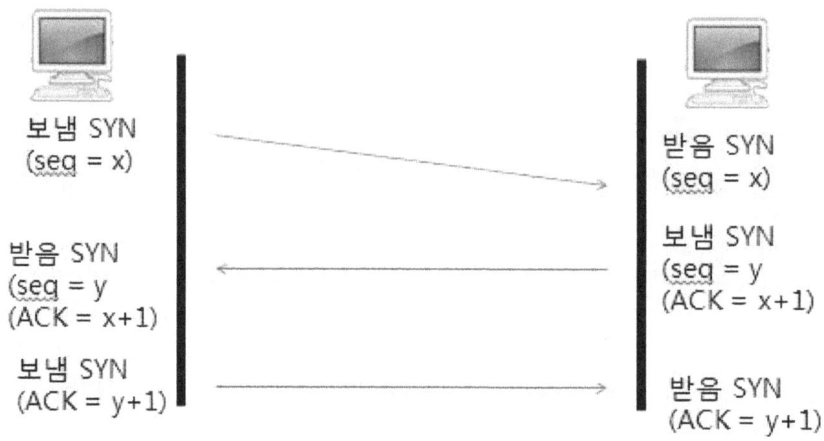

그림 8-1. 3 way handshake

TCP의 연결은 3 way handshake 방식으로 이루어진다. 그림 7-1과 같이 Host A는 연결하고자 하는 Host B에 SYN 신호를 보낸다. 이때 seq = x의 값을 보낸다. 이 패킷을 받은 Host B는 SYN 신호를 보내는데 seq = y 값을 ACK는 Host A가 보낸 x 값에 1을 더해 보냄으로써 응답하게 된다. Host B가 보낸 SYN을 받은 Host A는 Host B에 ACK으로 y + 1을 보냄으로써 TCP 연결을 개설하게 된다.

OSI 7 계층	TCP/IP	HTTP 캡처	encapsulation
응용	응용	HTTP	
표현			
세션			
전송	전송	TCP	
네트워크	인터넷	Internet Protocol	
데이터링크	네트워크 접근	Ethernet II	
물리			

그림 8-2. HTTP의 프로토콜 스택

HTTP(Hypertext Transfer Protocol)은 HTML(Hypertext Markup Language)로 작성된 문서를 전송하기 위한 프로토콜이다. 그림 8-2는 HTTP가 사용하는 프로토콜 스택을 보여주고 있다.

8-4 실습

8-4-1. 3 way handshake

Step 1. 도스창에서 "ipconfig /all"을 입력하여 컴퓨터 정보를 아래에 기록하라.

Physical Address	
IP Address	
Subnet Mask	
Default Gateway	
DHCP Server	
DNS Server	

Step 2. 3 way handshake 실습을 하기 위해 도스창에서 "nslookup www.yit.ac.kr"을 실행한다. www.yit.ac.kr의 주소가 210.105.16.71임을 알 수 있다.

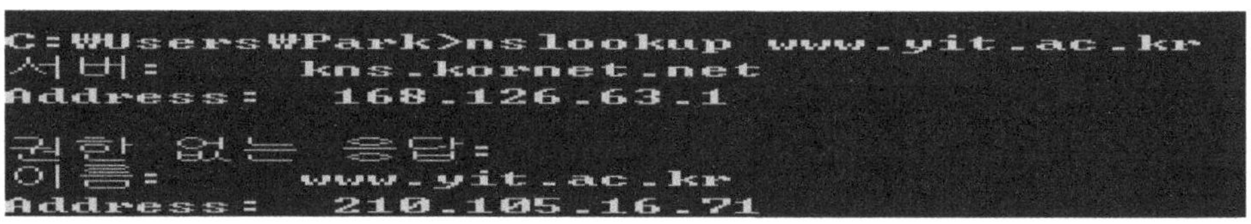

Step 3. Wireshark 패킷 분석기를 실행하고 중앙의 "로컬 영역 연결"을 클릭하여 패킷캡처를 시작하라.

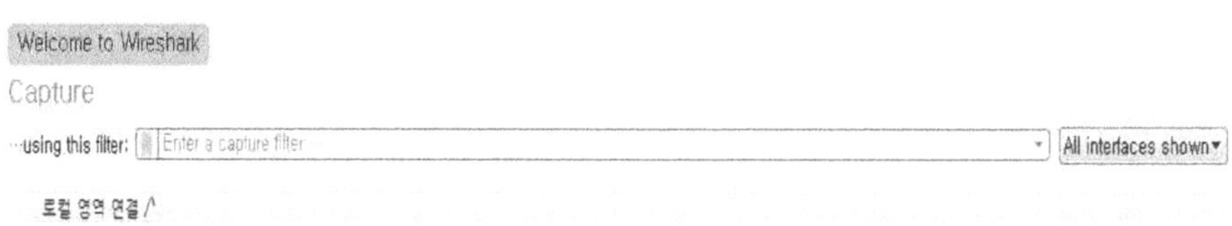

Step 4. web browser 를 실행하고 www.yit.ac.kr로 접속하라.

Step 5. Wireshark 패킷 분석기에서 "Stop" 버튼을 누르면 다음과 같이 캡처한 프레임들을 보여준다. Packet List 창에는 캡처된 프레임의 번호, 시각, 소스, 데스티네이션, 프로토콜 그리고 요약 정보 등이 있다. 프로토콜 버튼을 클릭하여 정렬을 하고 TCP 중 자신의 컴퓨터와 210.105.16.71 간 주고받은 3 way handshake 프레임들을 찾는다.

172.30.1.48	210.105.16.71	TCP	66 3085 → 80 [SYN] Seq=0 Win=8192 Len=0 MSS=1460 WS=4 SACK_PERM=1
210.105.16.71	172.30.1.48	TCP	66 80 → 3085 [SYN, ACK] Seq=0 Ack=1 Win=5840 Len=0 MSS=1460 SACK_PERM=1 WS=4
172.30.1.48	210.105.16.71	TCP	54 3085 → 80 [ACK] Seq=1 Ack=1 Win=65700 Len=0

Step 6. 마우스로 첫 번째 연결 요청 프레임을 선택한 후 하단창의 16진수 들을 표에 기록한다.

```
08 5d dd b0 ce 35 d0 50  99 4b bd ce 08 00 45 00
00 34 6b f8 40 00 80 06  00 00 ac 1e 01 30 d2 69
10 47 0c 0d 00 50 5c 99  83 25 00 00 00 00 80 02
20 00 90 25 00 00 02 04  05 b4 01 03 03 02 01 01
04 02
```


Step 7. 자신이 캡처한 연결 요청 프레임에서 TCP 헤더에서 다음을 확인하여 작성하라.

필드명	16진수	바이트 수
Source Port		
Destination Port		
Sequence number		
Acknowledgement number		

Step 8. 마우스로 210.105.16.71에서 응답한 프레임을 선택한 후 하단창의 16진수 들을 표에 기록한다.

```
d0 50 99 4b bd ce 08 5d  dd b0 ce 35 08 00 45 00
00 34 00 00 40 00 35 06  b5 c5 d2 69 10 47 ac 1e
01 30 00 50 0c 0d 06 1b  77 67 5c 99 83 26 80 12
16 d0 5e 98 00 00 02 04  05 b4 01 01 04 02 01 03
03 02
```


Step 9. 자신이 캡처한 210.105.16.71에서 응답한 프레임에서 TCP 헤더에서 다음을 확인하여 작성하라.

필드명	16진수	바이트 수
Source Port		
Destination Port		
Sequence number		
Acknowledgement number		

Step 10. 마우스로 210.105.16.71로 응답한 세 번째 프레임을 선택한 후 하단창의 16진수 들을 표에 기록한다.

```
08 5d dd b0 ce 35 d0 50  99 4b bd ce 08 00 45 00
00 28 6b fa 40 00 80 06  00 00 ac 1e 01 30 d2 69
10 47 0c 0d 00 50 5c 99  83 26 06 1b 77 68 50 10
40 29 90 19 00 00
```


Step 11. 자신이 캡처한 210.105.16.71로 응답한 세 번째 프레임의 TCP 헤더에서 다음을 확인하여 작성하라.

필드명	16진수	바이트 수
Source Port		
Destination Port		
Sequence number		
Acknowledgement number		

8주차 발표

발표 8. 라우터 및 스위치	
발표일 :	발표자 :
발표내용요약 :	

발표 8. 라우터 및 스위치

발표자료(오타유무, 그림, 내용명료성)	20점	15점	10점	5점
발표자세(시선, 목소리, 준비성)	20점	15점	10점	5점
발표시간 지키기	10점	5점	0점	
질의 답변 내용, 자세	10점	5점	0점	
발표내용전달	40점	30점	20점	10점
총점	점			
발표자가 잘한 점				

MEMO

LAB. 8 실습결과보고서

실습일 :
실습조장 :
실습조원 :
학번 :
이름 :

실습결과 :

MEMO

9 LAB DNS 실습

9-1 실습목적

1. Wireshark 패킷 분석기를 이용하여 DNS 동작 확인하기.
2. 포맷 확인하기.

9-2 사용 장비 및 소모품

1. PC 1대
2. Wireshark 패킷 분석기

9-3 실습개념

9-3-1. DNS

그림 9-1. DNS

DNS(Domain Name System) 서버는 전화번호부와 동일한 역할을 수행하는 서버이다. DNS 서버들은 도메인 이름들을 유지 관리 하면서 도메인 이름에 대응하는 IP주소를 알려준다. 사람들은 도메인 이름에 익숙하기 때문에 웹브라우저의 요청에 따라 IP주소를 알려줌으로써 컴퓨터의 웹브라우저는 원하는 웹사이트에 접속을 할 수 있게 된다.

OSI 7 계층	TCP/IP	DNS 캡처	encapsulation
응용	응용	DNS	
표현			
세션			
전송	전송	UDP	
네트워크	인터넷	Internet Protocol	
데이터링크	네트워크 접근	Ethernet II	
물리			

그림 9-2. DNS 프로토콜 스택

그림 9-2는 DNS(Domain Name System)이 사용하는 TCP/IP 프로토콜 스택을 보여주고 있다.

9-4 실습

9-4-1. DNS(Domain Name System)

Step 1. 도스창에서 "ipconfig /all"을 입력하여 컴퓨터 정보를 아래에 기록하라.

Physical Address	
IP Address	
Subnet Mask	
Default Gateway	
DHCP Server	
DNS Server	

Step 2. Wireshark 패킷 분석기를 실행하고 중앙의 "로컬 영역 연결"을 클릭하여 패킷캡처를 시작하라.

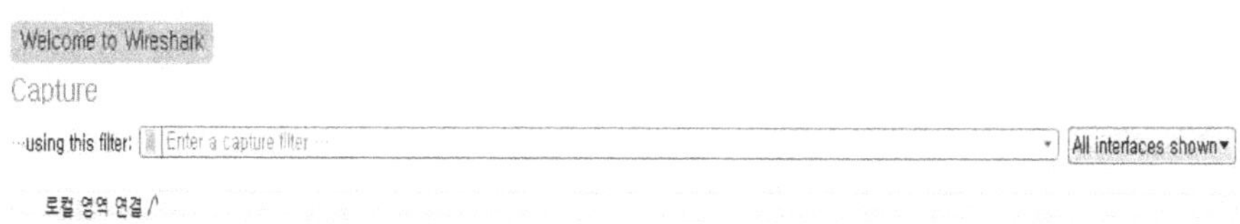

Step 3. web browser 를 실행하고 www.daum.net으로 접속하라.

Step 4. Wireshark 패킷 분석기에서 “Stop” 버튼을 누르면 다음과 같이 캡처한 프레임들을 보여준다. Packet List 창에는 캡처된 프레임의 번호, 시각, 소스, 데스티네이션, 프로토콜 그리고 요약 정보 등이 있다. 프로토콜 버튼을 클릭하여 정렬을 하고 DNS 중 자신의 컴퓨터와 DNS 서버 간 주고받은 프레임들을 찾는다.

172.16.7.103	168.126.63.2	DNS	68 Standard query 0xfb65 A daum.net
168.126.63.2	172.16.7.103	DNS	200 Standard query response 0xfb65 A daum.net A 211.231.99.17 A 211.231.99.80

Step 5. 마우스로 첫 번째 요청 프레임을 선택한 후 하단창의 16진수 들을 표에 기록한다.

```
00 04 96 27 a7 67 e8 03  9a 6c 09 62 08 00 45 00
00 36 1e 6b 00 00 80 11  00 00 ac 10 07 67 a8 7e
3f 02 d2 b7 00 35 00 22  9b 2b fb 65 01 00 00 01
00 00 00 00 00 00 04 64  61 75 6d 03 6e 65 74 00
00 01 00 01
```


Step 6. 자신이 캡처한 연결 요청 프레임에서 Domain name system (query) 헤더에서 다음을 확인하여 작성하라.

필드명	16진수	바이트 수
Transaction ID		
Flags		
Questions		
Answer RRs		
Authority RRs		
Additional RRs		
Queries		

- Transaction ID는 DNS 요청한 장비에서 생성된 2바이트 크기의 번호이다. 서버는 동일한 번호를 사용하여 응답한다.

- Flags는 Opcode(4bit)에 요청/응답 을 표시한다.

Step 7. 마우스로 응답한 프레임을 선택한 후 하단창의 16진수 들을 표에 기록한다.

```
e8 03 9a 6c 09 62 00 04  96 27 a7 67 08 00 45 00
00 ba fa 0f 00 00 33 11  f2 2b a8 7e 3f 02 ac 10
07 67 00 35 d2 b7 00 a6  9a 55 fb 65 81 80 00 01
00 04 00 02 00 02 04 64  61 75 6d 03 6e 65 74 00
00 01 00 01 c0 0c 00 01  00 01 00 00 00 02 00 04
d3 e7 63 11 c0 0c 00 01  00 01 00 00 00 02 00 04
d3 e7 63 50 c0 0c 00 01  00 01 00 00 00 02 00 04
cb 85 a7 10 c0 0c 00 01  00 01 00 00 00 02 00 04
cb 85 a7 51 c0 0c 00 02  00 01 00 00 79 86 00 06
03 6e 73 31 c0 0c c0 0c  00 02 00 01 00 00 79 86
00 06 03 6e 73 32 c0 0c  c0 66 00 01 00 01 00 00
a3 2d 00 04 71 3d 6a 05  c0 78 00 01 00 01 00 00
b4 10 00 04 71 3d 6b 05
```

Step 8. 자신이 캡처한 응답한 프레임에서 DNS 헤더에서 다음을 확인하여 작성하라.

필드명	16진수	바이트 수
Transaction ID		
Flags		
Questions		
Answer RRs		
Authority RRs		
Additional RRs		
Queries		
Answers		
Authoritative nameservers		
Additional records		

MEMO

9주차 발표

발표 9. RFID(Radio frequency identification)	
발표일 :	발표자 :
발표내용요약 :	

발표 9. RFID(Radio frequency identification)				
발표자료(오타유무, 그림, 내용명료성)	20점	15점	10점	5점
발표자세(시선, 목소리, 준비성)	20점	15점	10점	5점
발표시간 지키기	10점	5점	0점	
질의 답변 내용, 자세	10점	5점	0점	
발표내용전달	40점	30점	20점	10점
총점	점			
발표자가 잘한 점				

MEMO

LAB. 9 실습결과보고서

실습일 :
실습조장 :
실습조원 :
학번 :
이름 :

실습결과 :

MEMO

10 LAB telnet 실습

10-1 실습목적

1. Wireshark 패킷 분석기를 이용하여 telnet Frame 캡처하기.
2. 캡처한 프레임 분석하기.

10-2 사용 장비 및 소모품

1. PC 1대
2. Wireshark 패킷 분석기

10-3 실습개념

10-3-1. 하이퍼터미널을 이용하여 기본 게이트웨이와 통신하기

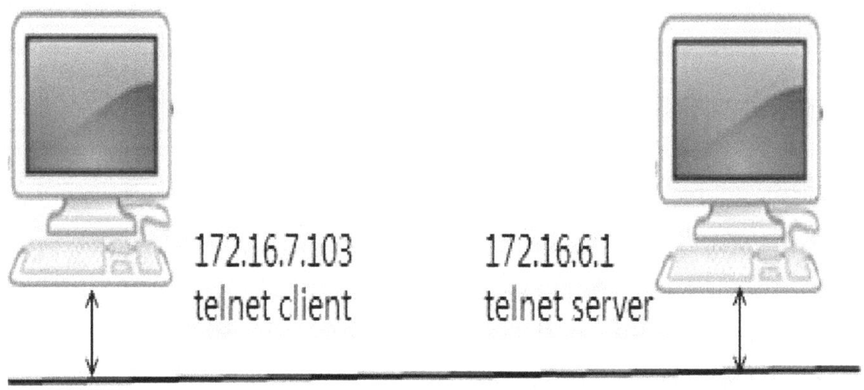

그림 10-1. Telnet

Telnet 은 TCP/IP 네트워크에서 원격에 있는 컴퓨터 혹은 통신장비를 연결하는 방식이다. 클라이언트 컴퓨터에 설치되어 있는 telnet 프로그램이나 하이퍼터미널 등의 소프트웨어를 이용하여 원격에 있는 telnet 서버에 연결할 수 있다. Telnet 은 양방향 text-oriented 통신 방식을 제공한다. 본 실험에서는 telnet 서버로 교내망의 “Default Gateway"에 접속하는 과정에 캡처된 프레임들을 분석한다.

OSI 7 계층	TCP/IP	Telnet 캡처	encapsulation
응용	응용	Telnet	↓
표현			
세션			
전송	전송	TCP	
네트워크	인터넷	Internet Protocol	
데이터링크	네트워크 접근	Ethernet II	
물리			

그림 10-2. Telnet 프로토콜 스택

그림 10-2는 Telnet 이 사용하는 TCP/IP 프로토콜 스택을 보여주고 있다.

10-4 실습

10-4-1. Hyperterminal

Step 1. 도스창에서 "ipconfig /all"을 입력하여 컴퓨터 정보를 아래에 기록하라.

Physical Address	
IP Address	
Subnet Mask	
Default Gateway	
DHCP Server	
DNS Server	

Step 2. "Default Gateway"에 telnet 접속을 하고자 한다. 컴퓨터에 하이퍼 터미널이 없다면 인터넷에서 하이퍼 터미널을 다운받아 실행한다. 하이퍼 터미널 프로그램을 실행하면 다음과 같은 화면이 나타난다.

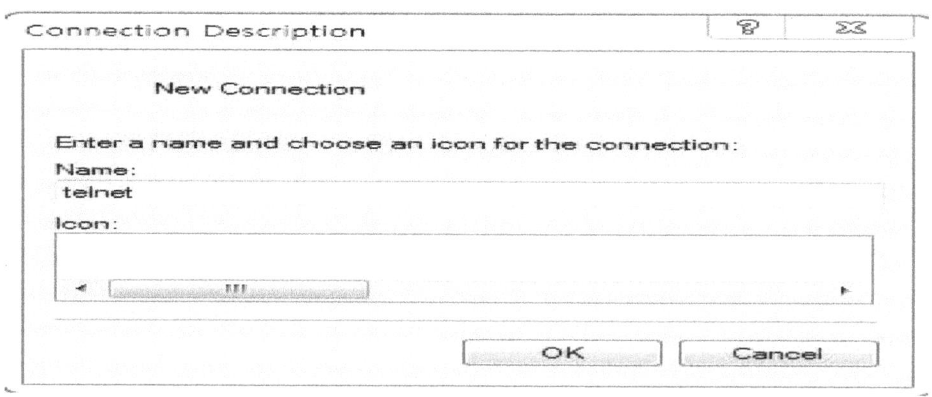

그림 10-3. 하이퍼 터미널 실행화면

Name칸에 telnet이라고 입력하고 OK를 누른다.

Step 3. Telnet 연결할 호스트의 IP주소를 입력한다. 그리고 “Connecting using" 은 TCP/IP(Winsock)을 선택한다.

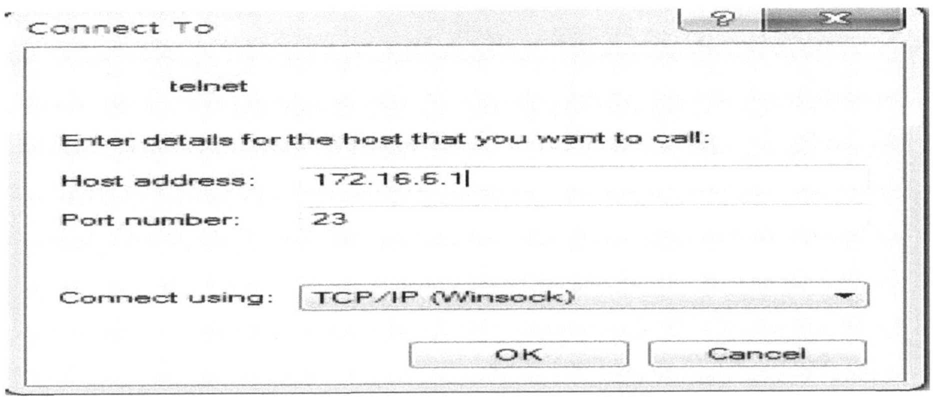

그림 10-4. 하이퍼 터미널 설정 화면

Step 4. Wireshark 패킷 분석기를 실행하고 중앙의 “로컬 영역 연결”을 클릭하여 패킷들을 캡처하라.

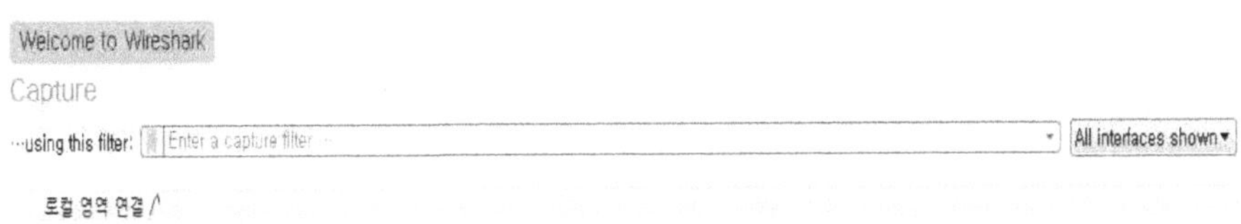

Step 5. Step3의 하이퍼터미널에서 OK버튼을 클릭하면 하단과 같은 연결화면을 확인할 수 있다.

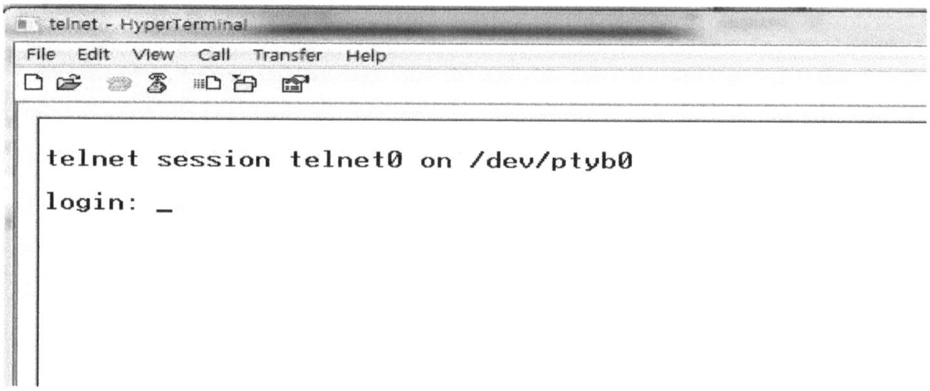

그림 10. 하이퍼 터미널 COM1 속성 화면

Step 6. Wireshark 패킷 분석기에서 “Stop” 버튼을 누르면 다음과 같이 캡처한 프레임들을 보여준다. Packet List 창에는 캡처된 프레임의 번호, 시각, 소스, 데스티네이션, 프로토콜 그리고 요약 정보 등이 있다. 내 컴퓨터의 하이퍼터미널 요청으로 텔넷 연결을 위해 172.16.6.1 기본 게이트웨이 간 주고받은 3 way handshake 프레임들을 찾는다.

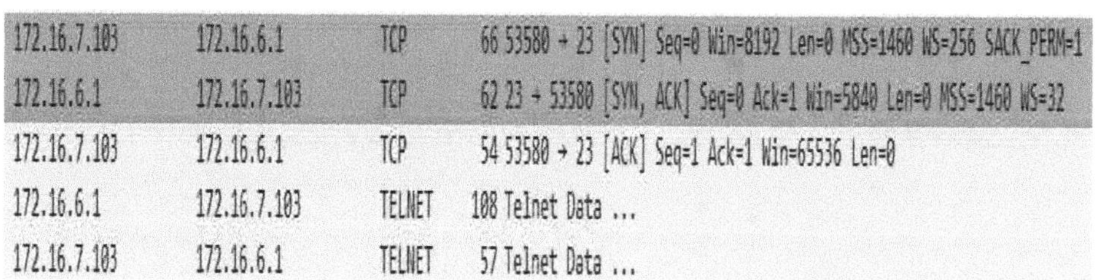

172.16.7.103	172.16.6.1	TCP	66 53580 → 23 [SYN] Seq=0 Win=8192 Len=0 MSS=1460 WS=256 SACK_PERM=1
172.16.6.1	172.16.7.103	TCP	62 23 → 53580 [SYN, ACK] Seq=0 Ack=1 Win=5840 Len=0 MSS=1460 WS=32
172.16.7.103	172.16.6.1	TCP	54 53580 → 23 [ACK] Seq=1 Ack=1 Win=65536 Len=0
172.16.6.1	172.16.7.103	TELNET	108 Telnet Data ...
172.16.7.103	172.16.6.1	TELNET	57 Telnet Data ...

Step 7. TCP 연결이 설정된 이후 telnet 첫 번째 프레임을 선택한 후 하단 창의 16진수 들을 표에 기록한다.

Step 8. 172.16.6.1(기본게이트웨이)에서 내 컴퓨터로 보내온 첫 번째 프레임내의 Telnet에서 다음을 확인하여 작성하라.

필드명	16진수	바이트 수
Will Suppress Go Ahead		
Will Echo		
Do Negotiate About Window Size		
Do Terminal Type		

Step 9. TCP 연결이 설정된 이후 telnet 두 번째 프레임을 선택한 후 하단 창의 16진수 들을 표에 기록한다.

Step 10. 내 컴퓨터에서 172.16.6.1(기본게이트웨이)로 보낸 프레임내의 Telnet에서 다음을 확인하여 작성하라.

필드명	16진수	바이트 수
Do Suppress Go Ahead		

Step 11. Wireshark 패킷 분석기로 캡처를 시작한 후 하이퍼터미널에서 login: 과 password: 에 각각 yit를 입력하고 문자교환하는 프레임들을 열어 확인하자.

MEMO

10주차 발표

발표 10. USN(Ubiquitous Sensor Network)	
발표일 :	발표자 :
발표내용요약 :	

발표 10. USN(Ubiquitous Sensor Network)				
발표자료(오타유무, 그림, 내용명료성)	20점	15점	10점	5점
발표자세(시선, 목소리, 준비성)	20점	15점	10점	5점
발표시간 지키기	10점	5점	0점	
질의 답변 내용, 자세	10점	5점	0점	
발표내용전달	40점	30점	20점	10점
총점	점			
발표자가 잘한 점				

MEMO

LAB. 10 실습결과보고서

실습일 :
실습조장 :
실습조원 :
학번 :
이름 :

실습결과 :

MEMO

11
LAB

TFTP 실습

11-1 실습목적

1. Wireshark 패킷 분석기를 이용하여 TFTP 동작 확인하기.
2. 포맷 확인하기.

11-2 사용 장비 및 소모품

1. PC 1대
2. Wireshark 패킷 분석기
3. 2801 Cisco Router 1대
4. Cross over cable 1개
5. Roll over cable 1개
6. DB-9 커넥터 1개

11-3 실습개념

11-3-1.

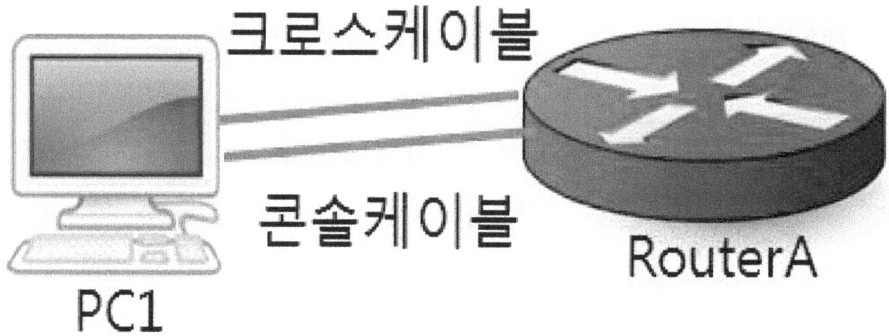

그림 11-1. TFTP 서버용 PC1과 라우터A 연결도

그림 11-1은 PC1과 RouterA가 크로스케이블을 이용하여 상호 연결되어 있으며 RouterA에는 175.15.10.0 네트워크가 직접 FastEthernet 0/0포트로 연결되어 있다. 또한 라우터의 console 포트는 콘솔 케이블을 이용하여 PC1과 연결되어 설정작업을 할 수 있도록 구성한다.

RouterA의 IOS 및 설정파일을 TFTP 서버에 저장할 때 프레임을 캡처하여 분석한다.

OSI 7 계층	TCP/IP	TFTP 캡처	encapsulation
응용	응용	TFTP	
표현			
세션			
전송	전송	UDP	
네트워크	인터넷	Internet Protocol	
데이터링크	네트워크 접근	Ethernet II	
물리			

그림 11-2. TFTP 프로토콜 스택

그림 11-2는 TFTP가 사용하는 TCP/IP 프로토콜 스택을 보여주고 있다.

11-4 실습

Step 1. RouterA설정을 하기 위해 하이퍼 터미널을 사용하여야 한다. RouterA의 console 포트와 PC1의 com1 포트를 콘솔 케이블로 연결하고 PC1에서 하이퍼 터미널을 실행한다.

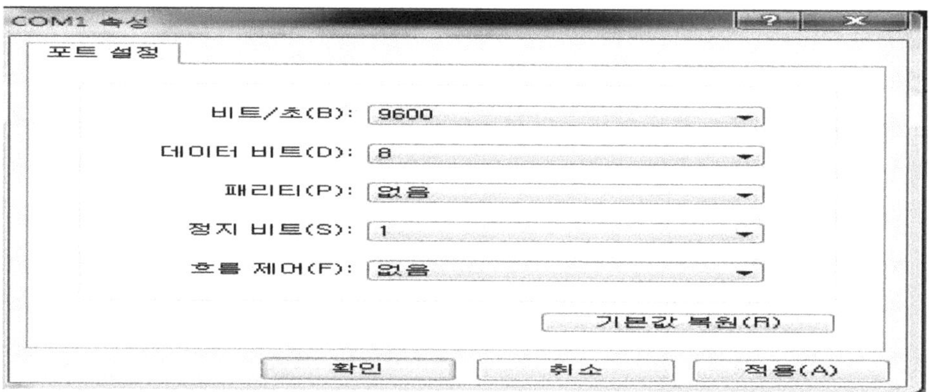

Step 2. PC1의 하이퍼 터미널을 이용하여 hostname, FastEthernet 0/0 인터페이스의 IP주소를 입력하라.

```
Router>en
Router#config t
Enter configuration commands, one per line.  End with CNTL/Z.
Router(config)#hostname RouterA

RouterA(config)#interface fastEthernet 0/0
RouterA(config-if)#ip address 175.15.10.1 255.255.255.0
RouterA(config-if)#no shut
```

Step 3. PC1의 설정을 변경하여야 한다. 네트워크 구성에서 TCP/IP를 선택한 후 하단의 등록정보를 클릭한 후 다음과 같이 설정을 해준다.

IP Address : 175.15.10.2
Subnet Mask : 255.255.255.0
Default Gateway : 175.15.10.1

Step 4. PC1의 설정내용 ipconfig/all을 이용하여 확인한다.

Step 5. RouterA에서 ping 175.15.10.2를 실행하라.

Step 6. PC1에 TFTP 서버를 설치한다.

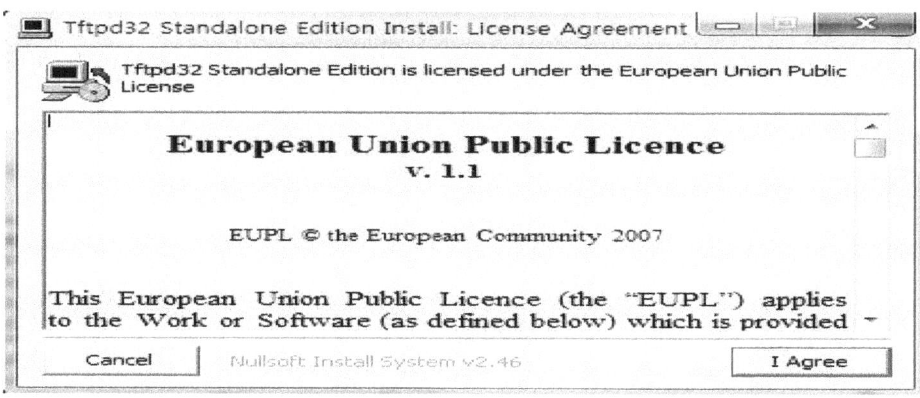

Step 7. 설치 옵션을 선택한다.

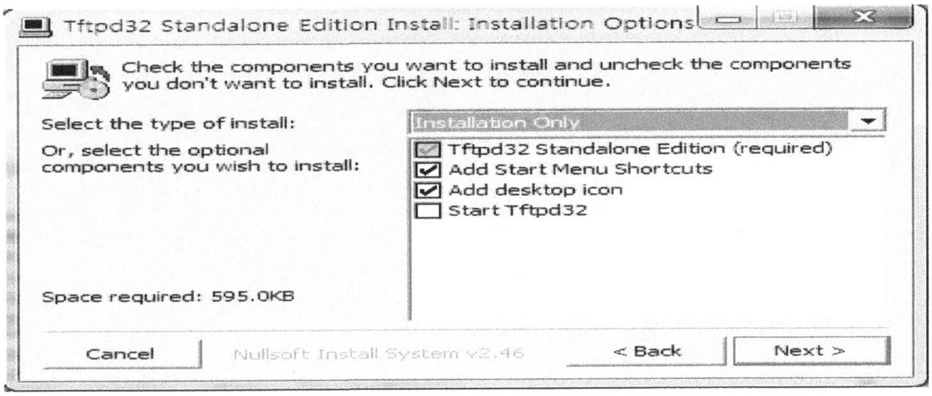

Step 8. 설치 폴더를 입력한다.

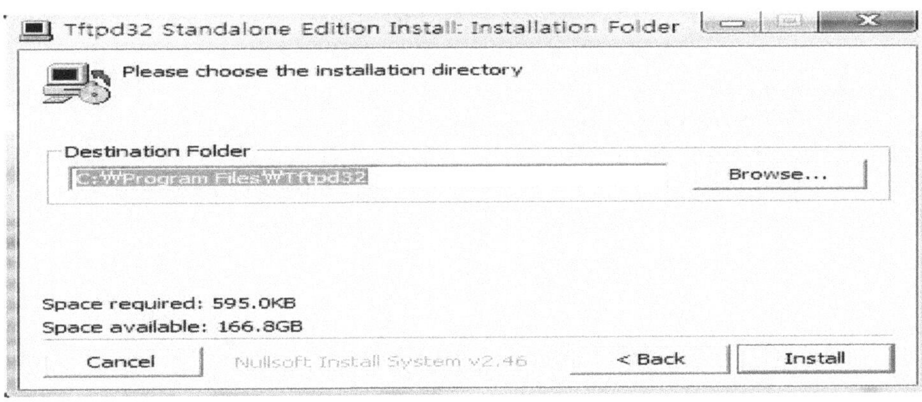

Step 9. 설치를 종료한다.

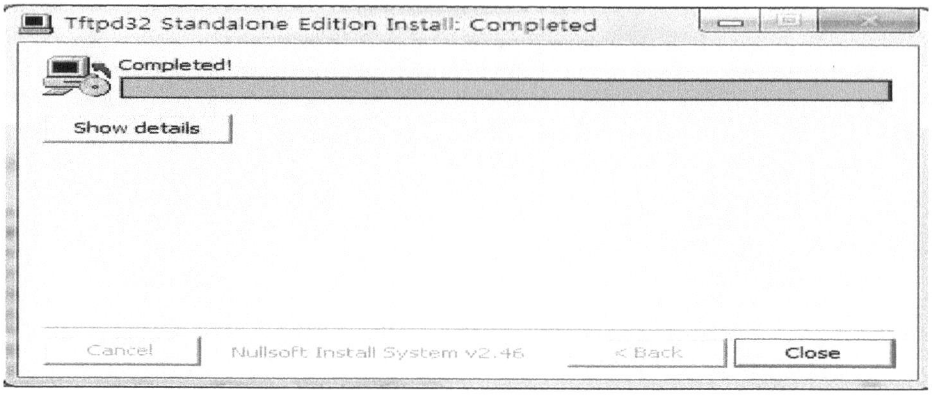

Step 10. tftp를 실행한다.

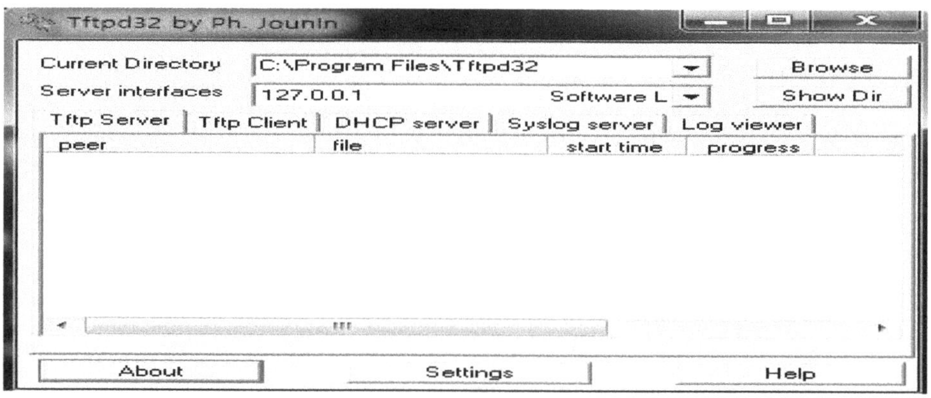

Step 11. RouterA의 IOS는 flash 메모리에 저장되어 있다. RouterA#sh flash 명령어를 이용하여 IOS의 파일이름이 c2801-ipbase-mz.124-1c.bin 임을 확인한다.

```
RouterA>en
RouterA#sh flash
-#- --length-- -----date/time------ path
1     13932728 Jan 09 2007 10:28:12 +00:00 c2801-ipbase-mz.124-1c.bin
2         1821 Jan 09 2007 10:43:02 +00:00 sdmconfig-2801.cfg
3      4734464 Jan 09 2007 10:43:38 +00:00 sdm.tar
4       833024 Jan 09 2007 10:44:00 +00:00 es.tar
5      1052160 Jan 09 2007 10:44:22 +00:00 common.tar
6         1038 Jan 09 2007 10:44:42 +00:00 home.shtml
7       102400 Jan 09 2007 10:45:00 +00:00 home.tar
8       491213 Jan 09 2007 10:45:22 +00:00 128MB.sdf
9      1684577 Jan 09 2007 10:45:54 +00:00 securedesktop-ios-3.1.1.27-k9.pkg
10      398305 Jan 09 2007 10:46:22 +00:00 sslclient-win-1.1.0.154.pkg

40763392 bytes available (23248896 bytes used)

RouterA#
```

Step 12. IOS를 TFTP 서버에 백업하기 위해서 RouterA와 TFTP 서버간 통신이 가능한지를 ping 테스트로 확인한다.

```
RouterA#ping 175.15.10.2

Type escape sequence to abort.
Sending 5, 100-byte ICMP Echos to 175.15.10.2, timeout is 2 seconds:
!!!!!
Success rate is 100 percent (5/5), round-trip min/avg/max = 1/1/4 ms
RouterA#
```

Step 13. 설정내용은 보통 running-config 파일로 DRAM내에 저장되어 있지만 전원이 차단되면 그 내용을 잃게 된다. startup-config 파일을 확인한다.

```
RouterA#sh start
startup-config is not present
RouterA#
```

Step 14. 전원이 꺼지면 내용을 잃어버리는 running-config 파일을 전원이 꺼져도 내용을 잃지 않는 NVRAM으로 저장하기.

```
RouterA#copy run start
Destination filename [startup-config]?
Building configuration...
[OK]
RouterA#
```

Step 15. Wireshark 패킷 분석기를 실행하고 중앙의 “로컬 영역 연결”을 클릭하여 패킷들을 캡처하라.

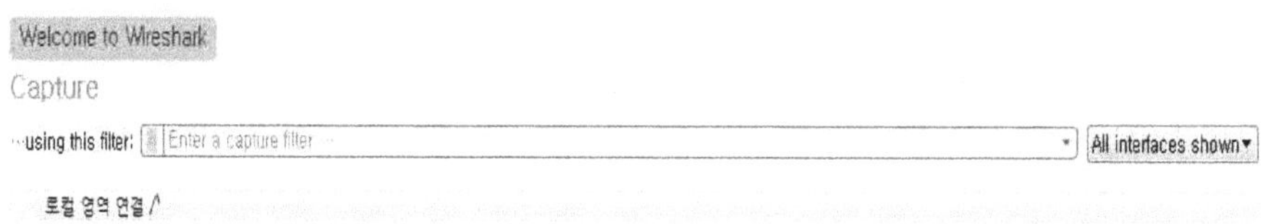

Step 16. RouterA에서 RouterA#copy flash tftp 명령어를 사용하여 IOS를 백업한다. RouterA의 flash 메모리에 있는 c2801-ipbase-mz.124-1c.bin을 PC1에 동작하고 있는 TFTP 서버에 저장한다.

Source filename 은 c2801-ipbase-mz.124-1c.bin 를 입력하고 Address of remote host 는 TFTP 서버의 IP주소인 175.15.10.2를 Destination filename은 동일한 이름으로 저장하기 위해 엔터키를 입력한다.

```
RouterA#copy flash tftp
Source filename []? c2801-ipbase-mz.124-1c.bin
Address or name of remote host []? 175.15.10.2
Destination filename [c2801-ipbase-mz.124-1c.bin]?
!!!!!!!!!!!!!!!!!!!!!!!!!!!!!!!!!!!!!!!!!!!!!!!!!!!!!!!!!!!!!!!!!!!!!!!!
!!!!!!!!!!!!!!!!!!!!!!!!!!!!!!!!!!!!!!!!!!!!!!!!!!!!!!!!!!!!!!!!!!!!!!!!
!!!!!!!!!!!!!!!!!!!!!!!!!!!!!!!!!!!!!!!!!!!!!!!!!!!!!!!!!!!!!!!!!!!!!!!!
!!!!!!!!!!!!!!!!!!!!!!!!!!!!!!!!!!!!!!!!!!!!!!!!!!!!!!!!!!!!!!!!!!!!!!!!
!!!!!!!!!!!!!!!!!!!!!!!!!!!!!!!!!!!!!!!!!!!!!!!!!!!!!!!!!!!!!!!!!!!!!!!!
!!!!!!!!!!!!!!!!!!!!!!!!!!!!!!!!!!!!!!!!!!!!!!!!!!!!!!!!!!!!!!!!!!!!!!!!
!!!!!!!!!!!!!!!!!!!!!!!!!!!!!!!!!!!!!!!!!!!!!!!!!!!!!!!!!!!!!!!!!!!!!!!!
!!!
13932728 bytes copied in 43.200 secs (322517 bytes/sec)
RouterA#
```

Step 17. 네트워크상에 있는 TFTP 서버에 running-config 파일을 저장하기.

```
RouterA#copy start tftp
Address or name of remote host []? 175.15.10.2
Destination filename [routera-confg]?
!!
772 bytes copied in 0.044 secs (17545 bytes/sec)
RouterA#
```

Step 18. "Stop" 버튼을 누르면 다음과 같이 캡처한 프레임들을 보여준다. Packet List 창에는 캡처된 프레임의 번호, 시각, 소스, 데스티네이션, 프로토콜 그리고 요약 정보 등이 있다. 라우터에서 tftp서버에 write 요청 프레임과 응답 프레임을 찾는다.

175.15.10.1	175.15.10.2	TFTP	77	Write Request, File: c2801-ipbase-mz.124-1c.bin, Transfer type: octet
175.15.10.2	175.15.10.1	TFTP	46	Acknowledgement, Block: 0
175.15.10.1	175.15.10.2	TFTP	558	Data Packet, Block: 1
175.15.10.2	175.15.10.1	TFTP	46	Acknowledgement, Block: 1

Step 19. 175.15.10.1 라우터에서 175.15.10.2로 IOS 인 c2801-ipbase-mz.124-1c.bin 파일을 write하는 프레임을 16진수로 작성하라.

```
e8 03 9a 6c 09 23 00 1a  a1 51 32 14 08 00 45 00
00 3f 00 00 00 00 ff 11  49 8c af 0f 0a 01 af 0f
0a 02 c5 da 00 45 00 2b  1c 07 00 02 63 32 38 30
31 2d 69 70 62 61 73 65  2d 6d 7a 2e 31 32 34 2d
31 63 2e 62 69 6e 00 6f  63 74 65 74 00
```

Step 20. 자신이 캡처한 Trivial File Transfer Protocol에서 다음을 확인하여 작성하라.

필드명	16진수	바이트 수
OPcode		
Destination File		
Type		

Step 21. 175.15.10.2 Tftp서버 에서 175.15.10.1로 승인하고 IOS 인 c2801-ipbase-mz.124-1c.bin 파일로 저장됨을 알리는 프레임을 16진수로 작성하라.

```
00 1a a1 51 32 14 e8 03  9a 6c 09 23 08 00 45 00
00 20 0b e2 00 00 80 11  00 00 af 0f 0a 02 af 0f
0a 01 d0 06 c5 da 00 0c  72 3f 00 04 00 00
```

Step 22. 자신이 캡처한 Trivial File Transfer Protocol에서 다음을 확인하여 작성하라.

필드명	16진수	바이트 수
OPcode		
Block		

Step 23. Packet List 창에는 캡처된 프레임의 번호, 시각, 소스, 데스티네이션, 프로토콜 그리고 요약 정보 등이 있다. 라우터에서 tftp서버에 설정파일인 router-config write 요청 프레임과 응답 프레임을 찾는다.

175.15.10.1	175.15.10.2	TFTP	64 Write Request, File: routera-confg, Transfer type: octet
175.15.10.2	175.15.10.1	TFTP	46 Acknowledgement, Block: 0
175.15.10.1	175.15.10.2	TFTP	558 Data Packet, Block: 1
175.15.10.2	175.15.10.1	TFTP	46 Acknowledgement, Block: 1
175.15.10.1	175.15.10.2	TFTP	303 Data Packet, Block: 2 (last)
175.15.10.2	175.15.10.1	TFTP	46 Acknowledgement, Block: 2

Step 24. 175.15.10.1 라우터에서 175.15.10.2로 설정파일 인 routera-config 파일을 write하는 프레임을 16진수로 작성하라.

```
e8 03 9a 6c 09 23 00 1a  a1 51 32 14 08 00 45 00
00 32 00 00 00 00 ff 11  49 99 af 0f 0a 01 af 0f
0a 02 c8 78 00 45 00 1e  85 ad 00 02 72 6f 75 74
65 72 61 2d 63 6f 6e 66  67 00 6f 63 74 65 74 00
```

Step 25. 자신이 캡처한 Trivial File Transfer Protocol에서 다음을 확인하여 작성하라.

필드명	16진수	바이트 수
OPcode		
Destination File		
Type		

Step 26. 175.15.10.2 Tftp서버 에서 175.15.10.1로 승인하고 설정파일 인 routera-config 파일로 저장됨을 알리는 프레임을 16진수로 작성하라.

```
00 1a a1 51 32 14 e8 03  9a 6c 09 23 08 00 45 00
00 20 76 30 00 00 80 11  00 00 af 0f 0a 02 af 0f
0a 01 d0 07 c8 78 00 0c  72 3f 00 04 00 00
```

Step 27. 자신이 캡처한 Trivial File Transfer Protocol에서 다음을 확인하여 작성하라.

필드명	16진수	바이트 수
OPcode		
Block		

Step 28. Data Packet들이 Block 단위로 전송되고 Acknowledgement 되는 과정을 관찰하고 기록하라.

11주차 발표

발표 11. IPv6	
발표일 :	발표자 :
발표내용요약 :	

발표 11. IPv6

발표자료(오타유무, 그림, 내용명료성)	20점	15점	10점	5점
발표자세(시선, 목소리, 준비성)	20점	15점	10점	5점
발표시간 지키기	10점	5점	0점	
질의 답변 내용, 자세	10점	5점	0점	
발표내용전달	40점	30점	20점	10점
총점	점			

발표자가 잘한 점

MEMO

LAB. 11 실습결과보고서

실습일 :
실습조장 :
실습조원 :
학번 :
이름 :

실습결과 :

MEMO

참고문헌

1. 실습위주의 컴퓨터 네트워크, 도서출판영민, 2004
2. Cisco Certified Network Associates Study Guide, Sybex, 2000
3. Network Workbook, 도서출판영민, 2017
4. TCP/IP와 라우팅 프로토콜, 교학사, 2005
5. TCP/IP 및 윈도우 네트워킹 프로토콜, 교학사, 1999
6. Cisco Router Configuration Guide with Routing Protocol, 사이버출판사, 1999
7. TCP/IP 네트워킹, 이한출판사, 1998
8. www.cisco.com
8. www.wireshark.org

저자 약력

박창욱
여주대학 전자과 교수

TCP/IP Workbook

인　　쇄 : 2019년 1월 10일
발　　행 : 2019년 1월 20일
저　　자 : **박창욱**
발 행 처 : **도서출판 한산**
서울시 서대문구 수색로6길 43번지 105-602호
TEL : (02)304-3504 FAX : (02)304-3505
발 행 인 : **김 기 영**
등록번호 : **제 10-1745 호**
I S B N : 979-11-87555-15-5 93560

정가. 15,000원